"国家中等职业教育改革发展示范学校建设计划"项目教材

中等职业教育"十三五"规划教材 · 财务会计系列

物流成本核算

主编／孙雪霁 潘倩华

副主编／刘洪斌

图书在版编目(CIP)数据

物流成本核算 / 孙雪霁,潘倩华主编.—上海：立信会计出版社,2015.8(2025.1重印)
ISBN 978-7-5429-4696-6

Ⅰ.①物… Ⅱ.①孙… ②潘… Ⅲ.①物流—成本计算—中等专业学校—教材 Ⅳ.①F253.7

中国版本图书馆 CIP 数据核字(2015)第 183506 号

策划编辑	陈 瑶
责任编辑	孙 勇
封面设计	周崇文

物流成本核算

出版发行	立信会计出版社
地　　址	上海市中山西路 2230 号　邮政编码　200235
电　　话	(021)64411389　传　　真　(021)64411325
网　　址	www.lixinaph.com　电子邮箱　lixinaph2019@126.com
网上书店	http://lixin.jd.com　http://lxkjcbs.tmall.com
经　　销	各地新华书店
印　　刷	上海万卷印刷股份有限公司
开　　本	787 毫米×1092 毫米　1/16
印　　张	8.5
字　　数	176 千字
版　　次	2015 年 8 月第 1 版
印　　次	2025 年 1 月第 2 次
书　　号	ISBN 978-7-5429-4696-6/F
定　　价	35.00 元

如有印订差错,请与本社联系调换

前　　言

物流业作为新兴服务业是我国 21 世纪重点扶持和发展的产业。然而随着物流业的高速发展,物流成本却居高不下。同时,物流业的发展也遇到了瓶颈。尤其是在经历了一段高速发展期之后,我国不少物流企业相继遇到了成本资金上的困难。因此,为了适应物流业对中等职业技术学校培养物流专业应用复合型人才的需求,也为了让物流专业的学生能从经济的角度对于整个物流环节有一个新的认识,特编写了本教材。

本教材适应了中等职业教育"做学一体"的理念,改变了传统教材"知识＋理论"的说教模式。在教材编写的过程中,我们采用任务、案例引领,重在启发学生动手实践为先的模式,从任务、案例中引出关键知识点,展开讲解。最后,以巩固练习或相关案例作为知识的深化和应用。本教材大量采用生活中的案例及学生能够体验到的生活常识,力求吸引学生阅读并让学生能够读懂。在每一章节之后,我们还安排了相应的习题,以帮助学生巩固所学知识。

在此,我们十分感谢楼伯良老师和熊伟先生给予的指导及建议。同时,在本教材编写的过程中,我们参阅与引用了不少物流、会计学科的论著与文章,并借鉴了其中的部分内容。在此,我们对这些论著与文章的原作者表示最诚挚的感谢与敬意。

由于编者水平有限以及时间仓促,因此教材中会存在一些不足与纰漏,敬请专家和读者指正批评。

编　者
2015 年 4 月

目　　录

项目一　认识物流成本核算 ……………………………………………………… 001
　　任务一　认识现代物流 …………………………………………………… 001
　　任务二　了解物流成本的构成 …………………………………………… 005
　　任务三　体会物流成本管理的意义 ……………………………………… 008

项目二　物流成本核算的会计基础 ……………………………………………… 013
　　任务一　了解会计核算的基本准则和思想 ……………………………… 013
　　任务二　了解物流成本核算的会计基础 ………………………………… 018
　　任务三　编制物流成本核算的会计分录 ………………………………… 021

项目三　认识物流成本核算的方法 ……………………………………………… 030
　　任务一　利用品种法核算物流成本 ……………………………………… 030
　　任务二　利用批次法核算物流成本 ……………………………………… 034
　　任务三　利用作业成本法核算物流成本 ………………………………… 038

项目四　核算物流仓储成本 ……………………………………………………… 049
　　任务一　认识仓储成本的构成 …………………………………………… 049
　　任务二　核算仓储成本 …………………………………………………… 054
　　任务三　管理及优化仓储成本 …………………………………………… 062

项目五　核算物流运输成本 ……………………………………………………… 070
　　任务一　认识物流运输成本的构成 ……………………………………… 070
　　任务二　核算物流运输成本 ……………………………………………… 074
　　任务三　管理及优化物流运输成本 ……………………………………… 078

项目六　配送成本的核算与管理 ………………………………………………… 085
　　任务一　认识配送成本的构成 …………………………………………… 085
　　任务二　核算配送成本 …………………………………………………… 090
　　任务三　管理及优化配送成本 …………………………………………… 096

项目七　核算物流装卸成本 ·· 105
　　任务一　认识物流装卸成本的构成 ··· 105
　　任务二　核算物流装卸成本 ·· 107
　　任务三　管理及优化物流装卸成本 ··· 111

项目八　物流成本管理与决策 ·· 118
　　任务一　了解成本分析及决策 ·· 118
　　任务二　认识物流成本决策方法 ·· 122
　　任务三　运用物流成本决策分析 ·· 125

参考文献 ··· 129

项目一　认识物流成本核算

知识目标
1. 认识现代物流作业
2. 理解物流成本构成

技能目标
能够分析简单物流案例

任务一　认识现代物流

引入案例

阿里巴巴和中国邮政展开合作降低物流成本

2014年6月12日,阿里巴巴与中国邮政联合宣布,双方将签署战略合作框架协议,并在物流、电商、金融、信息安全等相关领域展开全面合作,合理建设中国智能物流骨干网络。

阿里巴巴董事局主席、菜鸟网络董事长马云表示,通过此次合作,双方将通过互联网手段,以大数据为技术底层,重新定义邮政和物流的新模式,盘活全国物流资源,继续降低中小企业的物流成本。

据中国邮政总经理李国华介绍,在电商物流领域,双方将在物流仓储、处理和配送等领域进行资源互通的开放合作,同时还将通过互相协商,共同制定适合于电商发展的中国智能物流骨干网仓储服务标准。双方也将在跨境电商上共同研发产品和服务,发挥中国邮政口岸和全球网络资源优势,共同搭建支持跨境电商的服务

巨大的现代物流站场

体系。而在民生领域,中国邮政计划共同打造终端公共服务平台。该平台将集成中国邮政十余万实体服务网点和阿里巴巴万余协作网点,将菜篮子工程搬到社区、校园、街道和乡村,通过互联网的方式实现惠民。

思考:什么是物流?物流成本对于我们生活有着什么样的意义和影响?

一、现代物流简述

现代物流指的是将信息、运输、仓储、库存、装卸搬运以及包装等物流活动综合起来的一种新型的集成式管理,其任务是尽可能降低物流的总成本,为顾客提供最好的服务。在逐渐全球化的今天,我们的生活中也充斥着各种各样的现代物流服务。

你们有没有意识到我们生活中围绕现代物流的一些改变呢?

现代物流改变我们的生活的10个细节:

(1) 无店营销:"如果没有物流支持,网上购物、电视购物、电话购物等这些新的无店铺销售方式根本寸步难行。"20世纪90年代的生意人,往外地运送一个10千克重的箱子,只能走邮局、长途汽车站,并且班车一周只有一次……试想,如果网店这样送货,还能有优势吗?

(2) 企业零库存:海尔集团是物流发展的受益者,它们从原料采购、生产运输、销售等各个环节通过独立的物流企业来完成,大大降低了资金占用量。海尔集团的张瑞敏说:"海尔不仅完成了企业内部的物流建设,还与物流网络相对接。这样从最前端的原材料采购到最末端的产品销售信息都能随时掌控,大大节约了企业的库存成本。"

(3) 特色菜馆遍地开花:这几年,上海街头巷尾的特色餐馆越来越多——四川菜、贵州菜、新疆菜、东北菜、日本菜、法国菜、意大利菜应有尽有。而特色餐馆离不开原产地的原料。在物流不发达的时代,运费高自不待说,在路上花费的时间长了还容易变质。现在,快捷的物流能够快速而高效地将产品从产地运到消费地,让消费者吃到了最地道的各地美味。

(4) 生活用品来自世界各地:20年前结婚的人会有这样的感受,真是没有多少地方买漂亮的衣服。现在,在大街上环目四望,就能够看到各式各样的服装店——来自欧美、日韩的品牌,想买什么品牌都有。而回到家中,我们会发现生活日用品也来自天南海北。日本的空调、美国的电脑、非洲的地板、中东的地毯以及欧洲的小家电。

(5) GPS跟踪你的"宝贝":"2012/04/23 20:21:27 广州石牌西点→2012/04/25 03:22:47 快件已到达上海中转部……"随着GPS在物流运输中的广泛运用,你只需在电脑上输入运单号,就可以轻松定位你的"宝贝"。而且当前的物流速度已经大大拉近了城市之间的距离。过去需要15天送达的行李,现在快递2天就能送到。

(6) 让食品更安全:瘦肉精、注水肉……一个又一个的食品安全问题让市民疑惑:吃什么是安全的?如今在一些地方,政府利用物联网技术,建设了农产品溯源系统。这一系统实现了农产品追踪、清查、控制功能,允许消费者和监管者进行有效的全程质量监控,以确保农产品安全。而当前冷链物流的应用无处不在,例如居住在内陆的人,可以品尝到来自沿海地区的虾蟹;在冬天的北方,也能买到热带地区的水果。

(7) 物流的蝴蝶效应:最近菜价暴跌,某些蔬菜在田间地头的收购价才几分钱,但在城里的价格却维持在几块钱。什么原因导致了这种状况的出现?通过对整个物流成本系统的分析,我们发现从田间地头到餐桌,物流成本的高低大大影响了饭桌上的菜价。而菜价、油价等基础产品的价格又会影响CPI的水平,从而影响到整个宏观经济。

(8) 超市替代农贸市场:随着国内居民生活水平的提高,现在的消费需求已明显地呈现出多样化趋势,生鲜食品的流通渠道也随之多元化,除农贸市场外,各类社区超市、大卖场近些年迅速扩大。而这些超市和大卖场的生鲜食品是靠超市自身庞大的冷链物流体系支撑的。

(9) 每座城市都有一个物流中心:城市作为工业集中地,物流业发展可以降低生产成本,提高市场竞争力。它的发展,可以起到对周边城市的辐射作用和对农产品物流的带动作用。同时作为一项服务产业,物流业的发展可以带动产业结构调整,增加就业。城市快递已经成为一道城市快速发展的风景线。

(10) 手持终端化解一切:某商场负责人表示,在物流服务链条中,信息中心最为重要。而高效快速地将信息传输到信息中心就离不开无线手持终端了。现在无论配送员走到哪个位置,只要随身携带手持终端,都能随时接收和传输信息并与信息平台产生互动。

以上这些都是现代物流在我们生活中的体现。简单地说,"现代"物流是根据客户的需求,以最经济的费用,将物品从供给地向需求地转移的过程。这个过程是现代服务业在整个生产价值链中的重要组成部分,它将企业与客户紧密地联系在了一起,为企业的生产制造销售过程画上了完美的句号。有了现代物流我们的世界由大变小了,世界也由平变圆了,人与人之间的联系更加紧密,商品之间的流通更加频繁。

想一想?

我们生活中还有哪些活动是与现代物流有关的?

你们海淘吗?

海淘,即海外/境外购物,就是通过互联网检索海外商品信息,并通过电子订购单发出购物请求,然后填上私人信用卡号码,由海外购物网站通过国际快递发货,或是由转运公司代收货物再转寄回国。海淘,一般付款方式是款到发货(在线信用卡付款、PayPal账户付款)。因此,现代物流的发展已经将地球缩小为一个地球村,不论你身处何方,你都能买到自己想要的东西。

二、认识现代物流的物流成本

不论是传统物流还是现代物流,始终绕不开的一个问题就是物流成本。虽然现代物流强调客户体验、及时高效和信息通畅,但是物流活动从根本上来说还是物流成本的合理管控。那么什么是物流成本呢?物流成本,就是物流活动中所消耗的物资、人力和其他费用的货币表现。具体地说,它是产品在实物运动过程中所产生的如包装、搬运装卸、运输、储存、流通加工等各个活动中所支出的人力、物力和财力的总和。

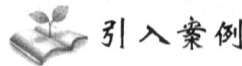

案例一:亚马逊是如何盈利的?

在电商企业依然在为盈利模式而挣扎的时候,世界最著名的电子商务企业——亚马逊却悄然形成了自己的盈利模式。在过去的几年中,亚马逊着力优化自己的物流体系,将物流成本降低了近一半!同时利用这种物流成本优势,以减免运费的方式,打击竞争对手、扩大销售额和市场份额,以发挥规模效应,从而进一步降低物流成本。

电子商务企业用虚拟的网络店面代替了实体店面,虽然节约了店面租金,却增加了物流成本。物流成本(包括运输、订单处理、仓储、收发货和退换货等成本)已成为电子商务企业除销货成本外的最大支出。在20世纪90年代,亚马逊物流成本也一度占到总成本的20%,目前下降到10%左右,但仍占总销售收入的8.5%。

由此可见,物流成本的降低对电子商务企业非常关键。亚马逊当初之所以能扭亏为盈,其关键因素也是物流成本的降低。

有一个观点认为,电商行业不是传统的零售业,而更像是仓储和物流业。因为,电商行业有相当大的一部分成本在仓储和配送环节,而电商行业的服务性和客户体验也大多来自服务配送。因此,对物流成本的核算、控制以及管理已经成为电商行业成功的重要因素之一。当然,不仅仅是电商行业,在竞争日渐激烈的其他行业也面临着物流成本管理的迫切需求。

案例二:戴尔的零库存供应链管理模式介绍——"戴尔的7小时库存"

戴尔公司所从事的IT行业在仓储方面有其特殊性:"电脑配件放在仓库里1个月,价格就要下降1~2个百分点。"如果没有一个很好的供应链管理和生产控制,电脑的利润只会更低。戴尔的营运方式是直销,在业界号称"零库存高周转"。在直销模式下,公司接到订货单后,将电脑部件组装成整机,而不是像很多企业那样,根据对市场预测制定生产计划,批量制成成品。由于戴尔仅需要准备手头订单所需要的原材料,因此工厂的库存时间仅有7个小时。一位戴尔员工说:"我们跟用户说的不是'机器可能周二或者周三到你们那里',我们说的是'周二上午9点到'。"

戴尔每年的采购金额已经高达200多亿美元,假如出现库存金额过量10%,就会出现20亿美元的过量库存,一则会占用大量的资金;二则库存若跌价10%,就会造成2亿美元的损失。在采购、生产、物流、销售等环节,戴尔保持低库存或者零库存的努力在继续,避免带来资金周转缓慢、产品积压及存货跌价方面的风险。

目前,越来越多的生产型企业开始专注于自己的库存管理,将库存的周转率尽可能地提高,从而降低仓储环节的物流成本,同时降低可能的存货贬值风险,并加快现金周转。由此可见,在服务业逐渐成为经济发展最重要推动力的时代,物流服务也得到了更为广泛的重视,而其中对于成本的控制也成为了企业相互竞争、相互比拼的重要砝码。因此,物流成本核算作为反映和监督物流成本的重要手段,对于现代企业具有重要的作用。

任务二 了解物流成本的构成

一、认识物流成本的构成

物流成本涵盖了生产、流通、消费全过程中因物品实体与价值变化而发生的全部费用。在企业中,对于物流成本的构成有多种认识方式。我们先从物流成本的经济内容来进行认识。所谓经济内容,指的就是按照成本费用的经济属性进行归类。因此,根据经济内容概括成本构成,可以分为以下几个部分,如表1-1所示。

表1-1　　　　　　　　　物流成本的构成

成本构成	实 例	成本构成	实 例
物资消耗	电力、燃料、包装物等	人工成本	职工工资、职工福利等
固定资产的合理损耗	车辆折旧等	资金成本	利息、财务手续费等
其他相关费用	办公经费、差旅费、销售费用等	研究、设计、优化费用	研发物流订单处理系统的费用

按照经济内容的成本构成,可以了解企业在一定时期内发生了哪些费用,数量金额为多少。这样一来就为分析和控制费用结构和数量提供了依据。

二、了解物流成本基本分类

认识了物流成本的构成之后,我们要进一步对这些构成进行细分,从而满足不同管理要求下的成本结构分类的需求。

1. 按照流通环节划分

小案例

目前很多国内销售的进口葡萄酒都是在国内分装,国内的分销商从获得原酒到最终将瓶装葡萄酒销售出去大致要经过以下几个流程:从港口将橡木桶装的原酒运

输回仓库,然后将原酒灌装入玻璃瓶并贴上标签,然后将瓶装葡萄酒配送到各个分销渠道进行销售。

请问在这个案例中,都有哪些流通环节,产生了什么样的成本呢?

(1)仓储成本:葡萄酒存放在仓库中所产生的仓储费、保管费等。

(2)运输成本:从国外运输到国内港口的海运费及将瓶装葡萄酒运及分销地的陆路运输费用。

(3)装卸成本:在物流过程中,葡萄酒需要从运输工具上装卸所产生的人力、物力费用。

(4)流通加工成本:将原酒灌装入玻璃瓶并进行封装的加工费用。

(5)包装成本:在运送和分销过程中,为了保证商品的安全及美观要对葡萄酒进行一定的包装,这些费用构成了包装成本。

(6)配送成本:由分销中心进入商场或者专营店的送货成本。

2. 按照成本与业务量关系划分

按照成本与业务量的关系,我们可以将成本分为变动成本和固定成本。这是根据成本形态习性和变动成本法进行的成本分类方式,为我们以后利用数量来研究成本性态奠定了基础。

 小案例

表 1-2　　　　　　　　　　　成本性态分析

所存储的商品数量	总成本	平均成本	单个商品的变动成本
100	3 500	35.00	5.00
200	4 000	20.00	5.00
300	4 500	15.00	5.00
400	5 000	12.50	5.00

如表 1-2 所示,为什么随着存储数量的增加,虽然单个商品的存储变动成本不变,但平均存储成本会逐渐降低呢?这主要是因为成本中有两种不同的特性——固定成本和变动成本。

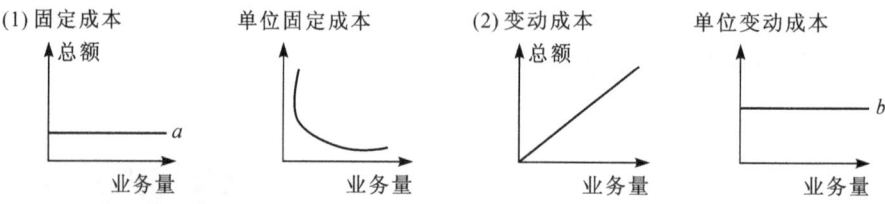

图 1-1　成本性态分析

固定成本是指在短期内不发生变化,但又必须得到补偿的那些费用,它与运输里程和运输量没有直接关系。这类固定成本中包括承运(这里指物品)那些不受装运量直接影响的费用。对于运输企业来说,固定成本构成中包括端点站、运输工具、运输设施、信息系统的设立和购置成本等费用。在短期内,与固定资产有关的费用必须由上述按每一票货物计算变动成本的贡献来弥补；而从长期来看,可以通过固定资产的买卖来降低固定成本的负担,但实际上要售出运输通道或运输技术往往是非常困难的。因此,在一定时期内,固定成本是不会随着业务量变动而变动的。然而,随着业务量的增加,固定成本会被逐渐摊薄。

变动成本是指在一定时间内随着运输作业量的变化,在一次投入使用并消耗的各种材料及为作业人员支付报酬所发生的各种费用。即与每一次运输直接相关的费用,与运输里程和运输量成正比。比如油费与运输里程成正比,运输里程越长,运输所消耗的油费就越高。

因此,变动成本只有在运输工具未投入营运时才有可能避免;而固定成本一旦发生,不论是否营运都无法避免。变动成本中主要包括与承运人运输每一票货物有关的直接费用,这类费用通常按每千米或每单位重量多少来衡量。而固定成本的构成往往与生产业务量没有直接关联,需要利用一定的标准将其分配到单位数量的业务量中去。

3. 按照计入成本对象方式划分

将成本分摊进入具体的成本对象,称为成本分配。成本分配的目的是为了更为精确地计量某个产品或者服务的成本项目。因此,将对应产品的成本合理分摊,精确计量是准确物流成本核算的基本要求。

 小案例

某物流企业运送两种产品,A产品质量10吨,B产品质量290吨。如果运输成本的成本动因是质量。(想象一下,是不是移动越多的东西,你所要耗费的体力也就越多呢?)那么运费需要按照A产品和B产品的质量不同进行分摊。

(1) 直接成本。直接成本指与某一特定成本计算对象有直接关系,并能直接计入该成本计算对象的成本。

(2) 间接成本。间接成本指某一成本计算对象之间没有直接联系,因此不能或不便于直接计入该成本计算对象的成本。

在本案例中,可以依照产品质量来划分运送总成本而与产品体积或者颜色没有直接关系。当然,直接成本与间接成本的划分不是绝对的。例如,如果运输里程数比质量对成本影响更大的话,我们可能需要选择里程数而非质量作为直接成本动因来划分成本。因此,在选择成本动因,确定直接成本时,需要根据实际的管理情况,以及核算要求根据经验进行主观判断。

三、现代物流成本的最新趋势

随着时代的进步,物流技术也在不断地发展,各项新技术也在不断地与传统相融合。那么和传统物流相比,现代物流的成本有了哪些新的趋势呢?

1. 物流成本内涵结构发生变化

传统物流只是空间位置的转移,而现代物流必须提供大量增值服务,例如实时信息查询,物流环节中的加工服务,或者代收货款等。这些物流增值服务将传统的货物空间转移服务扩充为现代化服务产业,大大丰富了物流业务的内涵。同时,这些增值服务会加大物流企业的成本负担。

2. 物流成本需要考虑投资决策

传统物流侧重点到点、线到线的服务,而现代物流则越来越倾向于构建全球化的物流网络。因此,如何投资构建物流网络变成了许多企业的一大课题。同时,物流服务的架构层次,线路优化,信息传递也是需要综合考虑的一个问题。

3. 物流成本追求最优规划

传统物流从单一环节的管理,逐步转向整体系统性优化。比如,过去单一的公路运输,现在可以为快捷的航空、铁路联运所代替。那么,如何合理优化线路以达到最优效果就是物流企业所面临的一个问题。为客户挑选最快的线路,同时费用最低,在数学上我们往往称之为有限制条件的最优化问题——即最优规划。

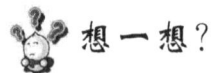

选址问题

在一条笔直铁路一侧有两个仓库,如图1-2所示,现在需要在铁路线上设立一个卸货点,使得该卸货点到两个仓库的距离最近。假设A、B两个仓库距离铁路的距离都是15千米,两者之间相距40

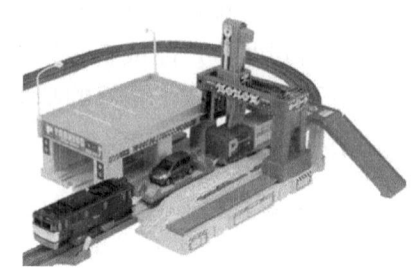

千米,每次运输的成本为100元/千米,问每次向两个仓库运送商品最少的花费是多少?

任务三　体会物流成本管理的意义

物流成本核算是物流成本管理的核心内容,通过物流成本管理能够有效降低物流企业的相关成本,依托对物流成本的有效控制,科学、合理、有效地组织物流活动,现代企业能够降低物流总成本、提高企业和社会的经济效益。

物流成本管理是指企业生产经营过程中各项成本核算、成本分析、成本决策和成本控制等一系列行为的总称。通常而言,成本管理的职能为成本预测、成本决策、成本计划、成本核算、成本控制、成本分析等。

我们通过亚马逊的案例来了解一下对于物流成本的管理带给现代企业的竞争优势。

亚马逊整合物流体系,使外部运输成本占销售收入的比重,从13.8%下降到9.7%,"订单执行成本"(主要是呼叫中心运营、订单处理、仓储、收发货及支付系统成本)占销售收入的比重,从最高时的15%下降到9.1%。

另外从利润数据来看,亚马逊从1995年成立到2002年实现盈利,这期间,"产品目录的成熟和规模效应"及"运输成本的下降"分别贡献了3.5个点的毛利率,推动毛利率上升了7个百分点;同时,"订单执行成本"的下降也贡献了5个点的利润率;再加上商誉等无形资产摊销和重组成本等非经营性成本的大幅降低,使亚马逊的营业利润率从-30%上升到0%。

因此,从经营的角度看,亚马逊的扭亏主要来自物流成本和支付成本的下降。我们看到,对于多数电子商务企业来说,物流成本仍是规模发展的瓶颈。相反,对于那些能有效控制物流环节的企业来说,却是一项核心竞争能力。

从以上案例中,我们能发现物流成本管理的意义所在吗?

从亚马逊的例子我们不难看出,对物流成本进行核算与管理,能够有效地帮助亚马逊降低成本,取得竞争中的价格优势和服务优势。因此,从微观角度上来说,对于一般企业而言,加强对物流成本的管理能够有效提升企业的竞争优势,其体现在两方面:

(1) 有效降低产品成本,使得企业可以通过价格的竞争优势获得市场份额。同时,在销售量一定的情况下,有效降低成本,也可以提高企业的利润率。

(2) 有效的物流成本管理能够优化物流线路、时间计划及客户体验。而高效的物流管理能够有效降低流动资金的占用,提升客户满意度。为企业产品竞争提供另一个竞争优势。

因此,越来越多的公司开始重视物流的控制,尤其是物流成本的优化项目。在产品同质化严重的今天,过去粗放式的物流已经成为了改革的重点。任何一个优秀的企业都不会放过价值链上这一能够为企业创造优势的环节,来赢得企业的利润同时获得客户的满意度。

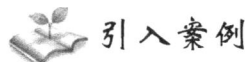

引入案例

商务部:降成本保供应"农超对接"取得积极成效

如图1-2所示,"农超对接"开展以来在降低流通成本、保障市场供应等方面取得积极成效。据专家调查,我国大中型超市生鲜农产品直供直销比重达30%,连锁超市通过"农超对接"流通成本平均降低15%左右。农超对接由于促进了订单农业发展,保障了农产品稳定供应,稳定了农产品价格,促进了农民增收。

从这个案例中,你能感受到物流成本对于我们社会的重要影响吗?

从以上案例我们可以看出,物流系统的建设在我们日新月异大踏步前进的社会主义发展中有着重要的宏观意义。

(1) 为社会增加财富,提高人民生活水平。有效的物流成本管理能够降低物流过程中的不合理损耗,而这些损耗对于整个社会而言就是一种宝贵的资源。这些资源能够在社会建设中发挥其他的积极作用,为人民生活水平的提高做出贡献。

(2) 降低商品价格,提升国民购买能力。物流成本已经成为了影响商品价格的

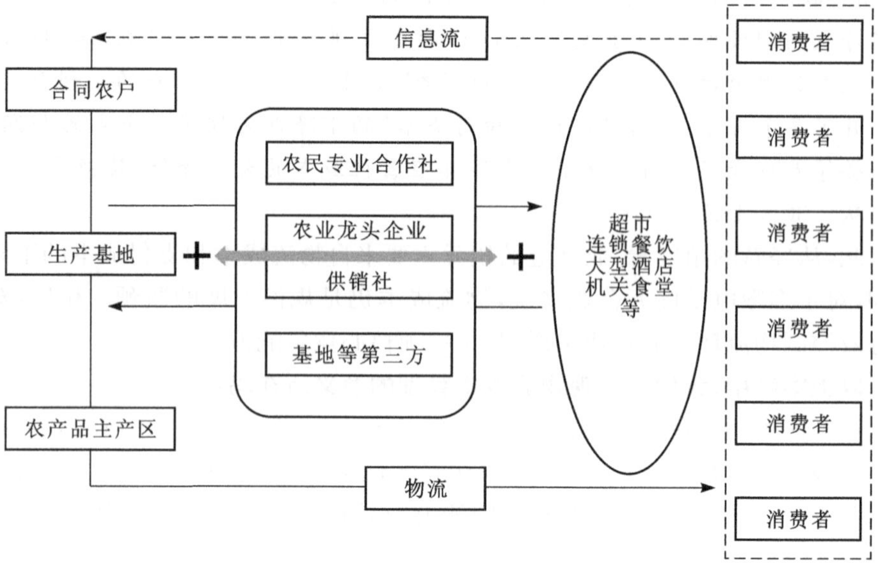

图 1-2　降低物流成本的"农超对接"

关键因素之一。当物流成本能够有效控制时,我们日常生活中的大部分商品价格就能保持稳定,相对就能提高国民的购买力,从而减轻了消费者的经济负担。

(3) 提高经济运行质量和总体竞争力。一个国家的物流水平高低、物流成本管理能力的强弱将会直接影响其在国际市场的竞争能力。如果我们国家的全行业物流效率能够普遍提高,那么物流成本就会降低到一个新的水平,那么经济效率就会提高,国际竞争力就会提升。

(4) 加速产业结构调整,促进新兴商业态势的发展。电商行业的兴起离不开物流,而物流成本的高低也直接决定着电商行业能否在与线下业务的竞争中得以存活。因此,现代物流业的发展是迎合信息化、网络化的社会发展趋势的,是为未来经济发展提供支撑的。

通过以上两个案例我们可以看出,物流正在改变我们的生活,而物流成本核算也逐渐成为物流建设的重中之重。因此,如何通过准确的物流成本核算及高效的物流成本管理来有效减低物流费用,提高物流活动的效益是我们之后要研究的主要问题。

课后习题

一、填空题

1. _____指的是将信息、运输、仓储、库存、装卸搬运以及包装等物流活动综合起来的一种新型的集成式管理。

2. 对于物流成本,简单地说就是物流活动中所_____的货币表现。

3. 按照成本与业务量的关系,我们可以将成本分为_____和_____。

4. 物流成本在流通环节中包含_____、_____、_____、_____、_____、_____。

5. 固定成本是指在_____,但又必须得到补偿的那些费用,它与运输里程和运输量没有直接关系。

二、选择题

1. 现代物流的最新趋势不包括( )。
   A. 物流成本内涵结构发生变化　　　　B. 物流成本需要考虑投资决策
   C. 物流成本只考虑成本最小化　　　　D. 物流成本追求最优规划

2. 物流成本,具体而言,包括包装、( )、运输、储存等各个活动中所支出的人力、物力和财力的总和。
   A. 生产　　　　　B. 装卸　　　　　C. 管理　　　　　D. 维修

3. 下列反映了单位业务量固定成本的性态的图为( )。

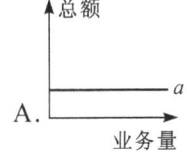 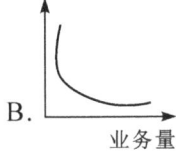 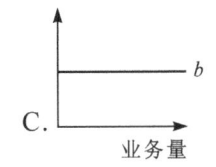 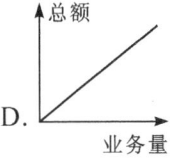

A.　　　　　　　　B.　　　　　　　　C.　　　　　　　　D.

三、简答题

1. 简述物流成本管理的含义。

2. 简述物流成本管理的内容。

3. 简述物流成本管理的意义。

4. 简述现代物流成本的最新趋势。

四、案例分析

上海通用汽车的存货成本降低方案

作为一家中美合资汽车企业,上海通用汽车非常重视物流的发展。上海通用汽车在物流项目中采用了"精益求精"的思想,其最重要的思想就是像丰田一样做到及时供货(JIT—Just In Time),而及时供货的外延就是缩短交货期。这是因为在日益激烈的生产经营环境中,物流成本作为"第三利润源"可以被大力挖掘。

那么,上海通用是怎么提高供应链效率、降低库存成本的呢? 为了把库存这个"魔鬼"赶出自己的供应链,通用汽车的部分零件会根据生产的要求,在指定的时间直接送到生产线上去生产。这样,因为不进入原材料仓库,所以保持了很低或接近于"零"的库存,省去大量的资金占用。而有些用量很少的零部件,为了不浪费运输车辆的运能,充分节约运输成本,上海通用汽车使用了叫做"牛奶圈"的小小技巧:每天早晨,上海通用的汽车从厂家出发,到第一个供应商那里装上准备的原材料,然后到第二家、第三家……依次类推,直到装上所有的材料,然后再返回。这样做的好处是,省去了所有供应商空车返回的浪费。这体现了上海通用汽车的一贯思想:高效生产、节约成本。

同时,与供应商共赢,建立供应链预警机制是上海通用另一个重要举措。由于上海通用采取的是"柔性化生产",即一条生产流水线可以生产不同平台多个型号的产品。这种生产方式对供应商的要求极高,即供应商必须时常处于"时刻供货"的状态,这样就会给供应商带来很高的存货成本。如此一来,供应商就会将这部分成本赶到了上游供应商那里,并没有真正地降低整条供应链的成本。为了克服这个问题,上海通用与供应商时刻保持着信息沟通。上海通用汽车敏捷化的要求就是在"柔性化共线"生产前提下能够及时地进行调整。但这种调整不是整车厂自己调整,而是让零部件供应商一起来做调整。市场千变万化,供应链也是千变万化的,供应链归根结底就是要实现双赢的目标。

想一想?

1. 上海通用汽车为什么要努力降低物流成本?
2. 上海通用汽车是通过什么样的方法来降低自己的物流成本的?

项目二　物流成本核算的会计基础

知识目标

1. 理解会计核算的基本准则和流程
2. 了解会计账户的定义与性质
3. 认识会计分录的要素及编制方法

技能目标

能够编制成本核算的会计分录

任务一　了解会计核算的基本准则和思想

一、关于会计的对话

在我们开始学习会计的一些基本知识之前,我们先来看一段关于会计含义的对话:

甲、乙、丙、丁是 4 个好伙伴,有一次在一起聚会,一通天南海北神聊之后,聊起了什么是会计这一话题,4 人各执一词,谁也说服不了谁。

甲:什么是会计? 这还不简单,会计就是指一个人,比如,我们公司的刘会计,是我们公司的会计人员,这里会计不是人是什么?

乙:不对,会计不是指人,会计是指一项工作,比如我们常常这样问一个人,你在公司做什么?他说,我在公司当会计,这里会计当然是指会计工作了。

丙:会计不是指一项工作,也不是指一个人,而是指一个部门,一个机构,即会计机构,你们看,每个公司都有一个会计部,或者会计处什么的,这里会计就是指会计部门,显然是一个机构。

丁:你们都错了,会计既不是一个人,也不是一项工作,更不是指一个机构,而是指一门学科,我弟弟就是在湖南大学学会计的,他当然是去学一门学科或科学。

结果,他们谁也说服不了谁。亲爱的朋友,如果让你来谈谈什么是会计的问题,你会怎么说呢?

在日常生活中,会计确实有多种不同的含义。甲、乙、丙、丁4个人的看法都说明了会计含义的一部分,但又都不全面。我们说会计主要还是指会计工作和会计学。

会计是一项经济管理工作,一项为生产经营活动服务的社会实践。这就是说,我们一般认为会计是指会计工作。同时,既然会计是指会计工作的实践,就势必会产生实践经验的总结和概括,就会演进成会计的理论,形成会计工作赖以进行的指导思想。如此一来,会计也变成了解释和指导会计实践的知识体系,是一门学科——会计学。可见,会计既指会计学,也指会计工作;既包括会计理论,也包括会计实践。

二、关键知识

(一)会计核算的含义

会计核算是以货币为主要量度,对企业、机关、事业单位或其他经济组织的生产经营活动或预算执行的过程与结果进行连续地、系统地记录,定期编制会计报表,形成一系列财务指标,据以考核经营目标或计划的完成情况,为经营决策的制定提供可靠的信息和资料。

(二)会计核算的4个基本前提(会计假设)

会计核算对象的确定、会计方法的选择、会计数据的搜集等,都以会计核算的基本前提为依据。会计核算的基本前提包括:会计主体、持续经营、会计分期和货币计量。

1. 会计主体

会计主体,是指会计工作为其服务的特定单位或组织。在会计主体前提下,会计核算应当以企业发生的各项交易或事项为对象,记录和反映单位自身的生产经营活动。明确会计主体前提,一是可以划定会计所要处理的各项交易或事项的范围。二是可以将会计主体的经济活动与会计主体所有者的经济活动区分开来。

2. 持续经营

持续经营,是指会计主体的生产经营活动在可预见的将来将延续下去。企业是否持续经营,在会计原则、会计方法的选择上有很大的差别。一般情况下,应当假定企业将会按当前的规模和状态继续经营下去,不会停业,也不会大规模地削减业务。明确这个基本前提,会计人员就可以在此基础上选择会计原则和会计方法。

3. 会计分期

会计分期,是指将会计主体持续不断的经济活动分割为一定的期间。在会计分期前提下,会计核算应当划分会计期间,分期结算账目和编制财务会计报告。会计期间分为年度、半年度、季度和月度。年度、半年度、季度和月度均按公历起讫日期确定。半年度、季度和月度均称为会计中期。

4. 货币计量

货币计量,是指会计主体在会计核算过程中采用货币作为计量单位,记录、反映会计主体的经营情况。在货币计量前提下,企业的会计核算以人民币为记账本位币。业务收支以人民币以外的货币为主的企业,可以选定其中一种货币作为记账本位币,但是编报的财务会计报告应当折算为人民币。在境外设立的中国企业向国内报送的财务会计报告,应当折算为人民币。

(三) 会计信息的质量要求

1. 客观性原则

客观性原则是指会计核算必须以实际发生的经济业务及反映经济业务发生的合法凭证为依据,如实地反映财务状况和经营成果,做到内容真实、数字准确、资料可靠。客观性原则是对会计核算与会计信息的基本质量要求。

2. 相关性原则

相关性原则是指会计核算应能满足各有关方面对会计信息的需求。会计核算所产生的数据应当满足国家宏观经济管理的需求,满足有关各方面了解企业财务状况和经营成果的需要,满足企业加强内部经营管理的需要。

3. 可比性原则

可比性原则是指会计核算必须按照规定的处理方法进行,使会计信息口径一致,相互可比。保证会计信息的可比性,有利于经济管理和宏观经济决策。

4. 一贯性原则

一贯性原则是指企业采用的会计处理方法和程序前后各期必须一致,企业在一般情况下不得随意变更会计处理方法和程序。一贯性原则是在可比性原则基础上产生的,是实现可比性原则的保证。

5. 及时性原则

及时性原则是指会计核算工作要讲求实效,会计处理应及时进行,以便会计信息得以及时利用。

6. 明晰性原则

明晰性原则是指会计记录与会计报表应清晰、简明、便于理解和利用。

7. 配比性原则

配比性原则是指营业收入和与其相对应的成本、费用应当相互配合。它要求一个会计期间内的各项收入和与其相关联的成本、费用,应当在同一个会计期间予以确认、计量,要求企业根据一定期间收入与费用之间存在的因果关系,对本期的收入与费用进行确认和计量。坚持配比性原则,有利于正确计算和考核经营成果。

8. 谨慎性原则

谨慎性原则又称稳健性原则，是指会计人员对某些经济业务或会计事项在有不同处理方法和程序可供选择时，应考虑可能发生的风险，合理核算可能发生的损失和费用。谨慎性原则是针对经济活动中存在的不确定因素，要求在会计处理尚持谨慎小心的态度，充分估计风险和损失，尽量少计或不计可能发生的收益，是会计信息的使用者或决策者提高警惕，以应付外部经济环境的变化，尽量规避风险或将其限制在最小范围内。

9. 重要性原则

重要性原则是指会计核算过程中，对经济业务或会计事项应区别其重要程度，采用不同的会计处理方法和程序。遵循重要性原则，要求对那些重要的会计事项（如事关企业经营决策或对会计信息使用者具有重要意义），应分别核算、分项反映，力求准确，并在会计报告中作重点说明；而对于那些次要的会计事项，在不影响会计信息真实性的情况下，可适当简化会计核算，予以合并反映。

三、案例分析

财富增长的"奥秘"

李俊是一所大学的会计学教授，尽管他教给学生大量的会计学知识，但他从来没有亲自实践过。于是，他对自己2014年的收支、拥有财产的情况进行了详细的记录。

2014年1月1日，李俊首先列出了现有的财产及货币价值(单位：元，下同)，如表2-1所示。

表2-1　　　　　　　　李俊财产的货币价值

有关财产及债务	金额
一幢与他人相连的房屋	600 000
家具、家庭用品	80 000
一辆已用了3年的小汽车	90 000
银行往来账户	50 000
股票等有价证券	50 000

2014年12月31日，李俊再次坐下来，总结他1年来所发生的财务交易如表2-2所示。

表2-2　　　　　　　　李俊1年来的财务交易

有关事项	金额
全年工资收入(税后)	120 000
书籍资料等支出	8 000
水、电、煤气费、物业管理费	8 000
家庭日常开支	20 000

(续表)

有关事项	金额
汽车日常费用	18 000
衣服、度假等费用	15 000
其他支出	10 000

同时,李俊又将年末的财产重新列了一张表格,如表 2-3 所示。

表 2-3　　　　　　　　　　李俊年末的财产情况

有关财产及债务	金额
一幢与他人相连的房屋	800 000
家具、家庭用品	50 000
一辆已用了 4 年的小汽车	70 000
银行往来账户	80 000
股票等有价证券	80 000

拿到这 3 份表格后,我们来进行进一步地分析,看看我们所关注的一些重要指标。

(1) 李俊教授本年收支相抵之后净盈利或亏损是多少?

$$收入=120\,000$$
$$支出=8\,000+8\,000+20\,000+18\,000+15\,000+10\,000=79\,000$$
$$净盈利=收入-支出=120\,000-79\,000=41\,000$$

(2) 李俊教授的财富是否增加? 若增加,是如何增加?

增值的有:

- 一幢与他人相连的房屋　　　　　　　　　　　　　　　　200 000
- 银行往来账户　　　　　　　　　　　　　　　　　　　　30 000
- 股票等有价证券　　　　　　　　　　　　　　　　　　　30 000
- 全年收支相抵后的净值　　　　　　　　　　　　　　　　41 000

减值的有:

- 家具、家庭用品　　　　　　　　　　　　　　　　　　　30 000
- 一辆已用 4 年的小汽车　　　　　　　　　　　　　　　　20 000

总的财富共增加了　　　　　　　　　　　　　　　　　　　251 000

(3) 请为他编制一张表来显示他 1 年来财富变动的情况,如表 2-4 所示。

表 2-4　　　　　　　　　　李俊财富变动情况

相关财产及债务	年初	年末	财富增加情况
一幢与他人相连的房屋	600 000	800 000	200 000
家具、家庭用品	80 000	50 000	−30 000

(续表)

相关财产及债务	年初	年末	财富增加情况
一辆小汽车	90 000	70 000	−20 000
银行往来账户	50 000	80 000	30 000
股票等有价证券	50 000	80 000	30 000
收支相抵之后净盈利	870 000		41 000

所以李俊教授全年财富共增加了 251 000 元。

在会计学当中,我们通过资产负债表来反映某一个时点上的财务状况,比如你拥有多少资产,背负多少债务。同时,我们通过利润表来核算在某一个时段间的经营成果或收益情况,比如总的销售收入,总的成本支出,阶段性的期间费用等等。最终,这些财务数据通过统一的财务报表形式进行呈现。

任务二 了解物流成本核算的会计基础

一、案例分析

王萌和赵铭是大学同学,两人 2009 年大学本科毕业后自行创业,成立了一家网络科技公司,并创办了自己的网站。实际投入资本 20 万元,其中王萌投资 12 万元,赵铭投资 8 万元,均为向个人家庭的借款。日常公司管理由王萌负责,赵铭一边复习考研一边利用业余时间进行网站策划。在公司运行 1 年以后,由于要扩大网站规模,公司向王萌父母借款 10 万元投入网站的建设之中。2010 年 10 月,公司经营陷入困境,净资产仅剩 8 万元,且赵铭考上了研究生准备脱离公司。赵铭与王萌商议后。决定将公司股份转让给王萌,但双方就转让价格发生了分歧。

要求:根据以上情况,综合运用会计要素和会计恒等式等基础会计学的相关知识,你认为赵铭的股份价格应依据哪些会计信息来确定? 你认为合理的价格应如何确定?

分析:

公司成立时,王萌和刘铭实际投入资金 20 万元,其中王萌投资 12 万元,赵铭投资 8 万元。所以王萌所占投资比重 $=\frac{12}{20}\times 100\%=60\%$,赵铭所占投资比重 $=\frac{8}{20}\times 100\%=40\%$。

在公司运行 1 年以后,由于要扩大网站规模,公司向王萌父母借款 10 万元投入网站的建设之中。王萌是公司负责人,他的行为就代表公司的行为,此时向其父母借款就是属于公司借款,就属于公司的负债。

根据会计等式：$\begin{cases}资产=负债+所有者权益\\10=10+0\end{cases}$

2010年10月,公司经营陷入困境,净资产仅剩8万元,且赵铭考上了研究生准备脱离公司。而"净资产=企业资产总额-负债",净资产只有8万,所以净资产中王萌和赵铭的份额分别为：

王萌$=8\times60\%=4.8$(万元)

赵铭$=8\times40\%=3.2$(万元)

所以赵铭合理的股份价格应该是3.2万元。

二、关键知识

1. 会计要素

会计要素是对会计对象的基本分类,是会计核算对象的具体化,是用于反映企业财务状况,确定经营成果的基本单位。

资产、负债、所有者权益、收入、费用、利润统称为企业的六大会计要素。它们又可以划分为两大类,即反映财务状况的会计要素和反映经营成果的会计要素。反映财务状况的会计要素有资产、负债、所有者权益,它们是资金运动的静态表现,又称静态要素；反映经营成果的会计要素有收入、费用、利润,它们是资金运动的动态表现,又称动态要素。

2. 会计账户

会计账户是按照规定的会计科目在账簿中对各项经济业务进行的分类、系统、连续记录的一种手段。会计科目仅仅是分类核算的项目或标志,而核算指标的具体数据资料,则要通过账户记录取得。所以,设置会计科目以后,还必须根据规定的会计科目开设一系列反映不同经济内容的账户,用来对各项经济业务进行分类记录。会计科目与账户是两个既相区别又相联系的不同概念。其共同点在于：都要对经济业务进行分类,都说明一定的经济业务内容。其不同点在于：会计科目只是经济业务分类核算的项目或标志,只是说明一定经济业务的内容；按照会计科目开设的账户是具体记录经济业务内容,可以提供具体的数据资料,具有登记增减变化的不同结构的一种核算形式。

采用不同的记账方法,账户的结构是不同的,即使采用统一的记账方法,不同性质的账户结构也是不同的。但是,不管采用何种记账方法,也不论是何种性质的账户,其基本结构总是相同的。账户一般可以划分为左右两方,每一方再根据实际需要分成若干栏次,用来分类登记经济业务及其会计要素的增加与减少,以及增减变动的结果。账户的格式设计一般应包括以下内容：①账户的名称,即会计科目；②日期和摘要,即经济业务发生的时间和内容；③凭证号数,即账户记录的来源和依据；④增加和减少的金额。

3. 会计恒等式

会计等式又称会计恒等式或会计平衡公式,是表明各会计要素之间基本关系的恒等式。会计等式如下：

$$资产＝权益$$

资产可以分为债权人权益和所有者权益。债权人权益包括银行借款、应付账款等,企业有到期还本付息的义务,是企业负债。所有者权益是资产扣除负债后剩余的权益,无需偿还本金。所以上述公式又可表达为:

$$资产＝负债＋所有者权益$$

这是最基本的会计等式,通常称为第一会计等式。这一等式反映了资产与负债、所有者权益之间的数量关系,即一定数额的资产必定有一定数额的负债和所有者权益。这一等式,是企业资金运动的静态表现,是复式记账法的理论基础,也是企业编制资产负债表的依据。

$$收入－费用＝利润$$

企业一定时期内所获得的收入扣除所发生的各项费用后即为企业的利润。这一等式可称为第二会计等式,是资金运动的动态表现,表明经营成果与相应期间的收入和费用的关系,是编制利润表的依据。

企业通过生产经营取得利润,是企业经营的最终目的。企业在缴纳所得税后的利润又称为净利润,净利润归所有者所有,因此利润是所有者权益的组成部分,这种关系用会计公式表示为:

$$资产＝负债＋所有者权益＋利润$$

或:

$$资产＝负债＋所有者权益＋(收入－费用)$$

从以上我们可以看出,无论是会计期末或会计期中,也无论是任何业务,会计等式均不会被破坏,所以会计等式"资产＝负债＋所有者权益"是会计核算的基本等式。

三、做中学——了解会计等式

王先生准备办一家企业,他有 10 万元存款,租了一间办公室,花费 3 000 元作为 1 年的租金,支付各种办公费用 6 000 元,用银行存款购入 8 万元商品,商品全部卖出后收到货款 99 000 元,货款已经存入银行。请问王先生的公司在经过这些经济活动以后是否还符合会计恒等式?

分析:

企业的资产与权益是相互依存的,有一定数额的资产,必然有相应数额的权益;反之亦然。所以,在数量上任何一个企业的所有资产与所有者权益的总额必定相等。用公式表示为:资产＝负债＋所有者权益。王通先生的公司在经过这些经济活动以后仍然符合会计等式。各项经济业务对会计等式的影响如下。

(1) 3 000 元存款租用办公室,减少了 3 000 元银行存款但增加了 3 000 元待摊费用,资产类项目总额保持不变,从而会计等式仍然平衡。

(2) 支付各种办公费用 6 000 元,银行存款减少了 6 000 元,同时管理费用增加了

6 000元。由会计等式资产=负债+所有者权益+(收入-费用)可得:资产+费用=负债+所有者权益+收入。这笔业务导致资产类项目减少6 000元,同时费用类项目增加6 000元,会计等式仍然平衡。

(3) 用银行存款购入8万元商品,减少了8万元银行存款但增加了8万元存货,资产类项目总额保持不变,会计等式仍然平衡。

(4) 卖出商品收到货款99 000元,银行存款增加了99 000元,同时存货减少了8万元,资产类项目总额增加19 000元;这一业务能够为企业带来收入19 000元(99 000-80 000)。由会计等式资产=负债+所有者权益+(收入-费用)可得:资产+费用=负债+所有者权益+收入。这笔业务导致资产类项目增加19 000元,同时收入类项目增加19 000元,等式两边同时增加相同的数量,会计等式仍然平衡。

综上所述,企业的日常经营活动不会影响会计恒等式的成立。

任务三 编制物流成本核算的会计分录

一、范例

物流号称"第三利润源",物流活动主要包括仓储、运输、装卸、配送等环节。在物流成本核算的工作中,我们围绕这些主要步骤来看一看如何进行会计核算的。

1. 主营业务收入的核算

如果物流业务是企业的一项主要经济来源,那么在会计核算中应当将物流服务收入作为一项营业收入进行核算。

A物流服务公司完成一笔运输业务收到4 000元的收入,其分录如下:

借:银行存款　　　　　　　　　　　　　　　　　　　　　　　4 000
　　贷:主营业务收入——运输收入　　　　　　　　　　　　　　4 000

小提示:这一分录表明,通过物流活动企业获得的经济收入增加了企业的存款,同时确认了企业的收入增长。

2. 存货的核算

在现实社会中,一些企业是贸易加工型企业,在会计核算中需要核算存货的成本。

(1) 购买原材料,作为库存原材料进入仓库。B企业购入一批原材料准备进行加工生产,原材料价值23 400元,其中包含3 400元的增值税进项税额。其分录如下:

借:原材料　　　　　　　　　　　　　　　　　　　　　　　　20 000
　　应交税费——应交增值税——进项　　　　　　　　　　　　3 400
　　贷:银行存款　　　　　　　　　　　　　　　　　　　　　　23 400

（2）发出原材料，作为生产或业务领用。B企业从仓库中领用汽油一批，价值5 000元，用于某项目的运输。其分录如下：

借：主营业务成本——汽油费　　　　　　　　　　　　　　　　　　5 000
　　贷：原材料——汽油　　　　　　　　　　　　　　　　　　　　　5 000

3．物流主要环节费用的核算

C物流公司装卸队某月核算工人工资如表2-5所示：

表2-5　　　　　　　　　　　工人工资核算表

人力成本核算	工资(元)
装卸工人	24 000
队部管理人员	21 000

借：主营业务成本——装卸支出——直接人工　　　　　　　　　　24 000
　　装卸支出——制造费用　　　　　　　　　　　　　　　　　　21 000
　　贷：应付职工薪酬　　　　　　　　　　　　　　　　　　　　　45 000

C物流公司装卸队在该月的燃料及其他材料领用表如表2-6所示：

表2-6　　　　　　　　　　燃料及其他材料领用表

物料成本核算	成本(元)
燃料	12 800
其他包装物	7 200

借：主营业务成本——装卸支出——直接材料　　　　　　　　　　20 000
　　贷：原材料——原料　　　　　　　　　　　　　　　　　　　　12 800
　　　　　　——包装物　　　　　　　　　　　　　　　　　　　　7 200

C物流公司装卸队还拥有一台价值72 000元，残值率10%的装卸设备，预期使用年限为6年，则每月折旧费用为900元。

借：主营业务成本——装卸支出——制造费用　　　　　　　　　　　900
　　贷：累积折旧——装卸设备　　　　　　　　　　　　　　　　　　900

综上核算，C物流公司装卸队的装卸活动成本合计如表2-7所示：

表2-7　　　　　　　　　　　装卸成本表

直接人工(元)	直接材料(元)	制造费用(元)	合计(元)
24 000	20 000	21 900	65 900

小提示：在物流主要活动中的费用计量，我们一般称之为"物流成本核算"。物流成本核算的流程主要是通过"直接材料""直接人工"以及"制造费用"三个成本项目合计来完成的。这三个成本项目主要对应的是在物流活动中消耗的原材料、工人工资和其他非直接关联费用。因此，在会计分录中，需要将按照内容分类的成本费用归入

到这三个成本项目中,再进行核算。

二、关键知识

(一) 借贷记账法的含义

以"借"和"贷"作为记账符号的一种记账方法;作为记账方法,都有其特定的记账符号,用来表示"增加"或"减少"。

(二) 借贷记账法的内容

1. 借贷记账法的记账符号

记账符号:借贷记账法记账符号为"借""贷"二字。

主要作用:表示"增加"或"减少";账户中的登记方向。

$$借方(左方)$$
$$贷方(右方)$$

符号含义:对于六类性质不同的账户具有不同的含义。

2. 借贷记账法的账户结构

基本含义:增加额、减少额和余额在账户中的登记方法。

(1) 资产、费用类账户结构。

	资产类账户　　费用类账户	
借	(如"银行存款")	贷
期初余额　××× 增加额　　××× 　　　　　×××	减少额	××× ×××
本期增加发生额　××× 期末余额　　　　×××	本期减少发生额	×××

(2) 负债、所有者权益、收入和利润类账户结构。

	负债类账户　　所有者权益类账户 收入类账户　　利润类账户	
借	(如"实收资本")	贷
减少额　××× 　　　　×××	期初余额 增加额	××× ××× ×××
本期减少发生额　×××	本期增加发生额 期末余额	××× ×××

3. 借贷记账法的记账规则

有借必有贷:账户登记方向。

借贷必相等:账户登记金额。

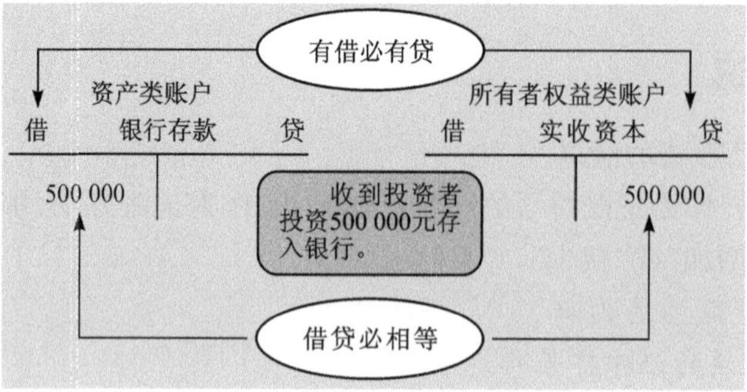

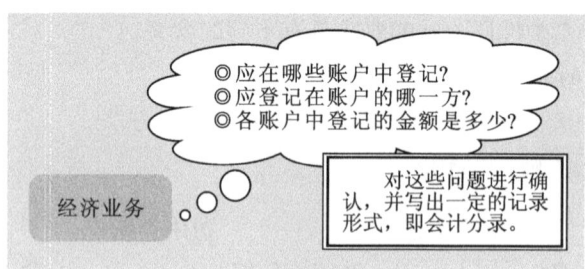

图 2-1　借贷记账法的记账规则

(1) 会计分录的含义。会计分录是经济业务在登记账户前预先确定的应记账户名称、方向和金额的一种记录形式。

图 2-2　会计分录的含义

(2) 编制会计分录的基本方法。

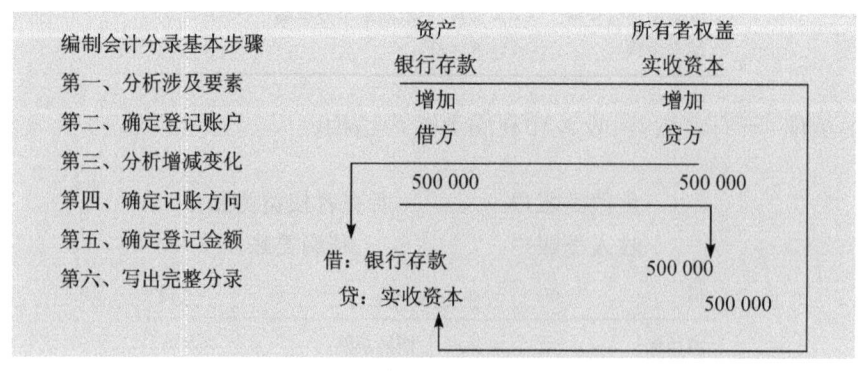

图 2-3　编制会计分录的基本方法

三、做中学——物流成本会计核算

(1) 上海申通物流公司对 D 类商品进行运输前分类包装和运输包装,领用包装材料 2 500 元,应支付包装人员工资费用 1 200 元,以现金支出其他包装费用 600 元。作会计分录如下:

借:销售费用——包装费 4 300
　　贷:原材料 2 500
　　　　应付职工薪酬——工资 1 200
　　　　库存现金 600

(2) 月末,上海申通物流公司对一台包装机械计提折旧,该包装机械原值 20 000 元,净残值率为 4%,年折旧率为 12%。

$$该机械应计提折旧额 = 20\,000 \times (1-4\%)/10 = 192(元)$$

企业应作会计分录如下:

借:销售费用——包装费 192
　　贷:累计折旧 192

(3) 装卸队 2014 年 12 月发生工资如下:机械装卸队司机及助手 29 000 元、保修工人 6 000 元、人工装卸队 48 000 元、保修工人 2 000 元、队部管理人员 9 000 元。作会计分录如下:

借:主营业务成本——装卸支出——机械(直接人工) 29 000
　　　　　　　　　　　　　——机械(保养修理费) 6 000
　　　　　　　　　　　　　——人工(直接人工) 48 000
　　　　　　　　　　　　　——人工(保养修理费) 2 000
　　制造费用——营运间接费用(装卸支出) 9 000
　　贷:应付职工薪酬——工资 94 000

根据工资总额的 14% 计提职工福利费,作会计分录如下:

借:主营业务成本——装卸支出——机械(直接人工) 4 060
　　　　　　　　　　　　　——机械(保养修理费) 840
　　　　　　　　　　　　　——人工(直接人工) 6 720
　　　　　　　　　　　　　——人工(保养修理费) 280
　　制造费用——营运间接费用(装卸支出) 1 260
　　贷:应付职工薪酬——应付福利费 13 160

(4) 申通物流公司装卸队 2014 年 12 月领用装卸过程用的燃料 53 400 元,其中:机械装卸队 48 000 元,人工装卸队 5 400 元。作会计分录如下:

借:主营业务成本——装卸支出——机械(燃料及动力) 48 000
　　　　　　　　　　　　　——人工(燃料及动力) 5 400
　　贷:原材料——燃料 53 400

(5) 公司机械装卸队机械操作耗用电力,已付或应付电费 2 000 元,有关会计分录如下:

借:主营业务成本——装卸支出——机械(燃料及动力) 2 000
　　贷:银行存款或应付账款 2 000

(6) 申通物流公司机械装卸队 2014 年 12 月保养修理装卸机械领用备品配件、润

料及其他材料 6 000 元,其中:机械装卸队领用 5 000 元、人工装卸队领用 1 000 元。作会计分录如下:

  借:主营业务成本——装卸支出——机械(保养修理费)   5 000
             ——人工(保养修理费)   1 000
    贷:原材料   6 000

(7) 当月按装卸运转台班和台班大修理费计提额计算,大修理费计提额为:机械装卸队 11 250 元,人工装卸队 1 950 元,作会计分录如下:

  借:主营业务成本——装卸支出——机械(保养修理费)   11 250
             ——人工(保养修理费)   1 950
   贷:其他应付款——预提修理费用   13 200

(8) 当月机械装卸队送保养场大修装卸机械,运转台班差异应调增大修理费用 2 700 元,大修理费用超支应调增大修理费用 3 300 元。保养场分配装卸机械大修理费用 57 300 元。分别作会计分录如下:

  借:主营业务成本——装卸支出——机械(保养修理费)   6 000
   贷:预提费用——预提修理费用   6 000
  借:其他应付款——预提修理费用   57 300
   贷:主营业务成本——辅助营运费用   57 300

(9) 公司装卸队 2014 年 12 月应计提固定资产折旧如下:机械装卸队用装卸机械 38 400 元,人工装卸队用装卸机械 5 760 元,装卸队部用房屋 160 元。作会计分录如下:

  借:主营业务成本——装卸支出——机械(折旧费)   38 400
            ——人工(折旧费)   5 760
    制造费用——营运间接费用——装卸   160
   贷:累计折旧   44 320

(10) 根据全月营业收入汇总表,上海申通物流公司本月份实现堆存收入 80 000 元,货运代理业务收入 120 000 元,营业款项均已解入银行。企业应作会计分录如下:

  借:银行存款   200 000
   贷:主营业务收入——堆存收入   80 000
          ——代理收入   120 000

(11) 本月份,申通公司发生场地维护费 8 000 元,保管人员工资 6 400 元,另以现金支付其他管理费用 2 100 元。企业应作会计分录如下:

  借:主营业务成本——堆存成本   14 400
    销售费用——堆存费   2 100
   贷:银行存款   8 000
    应付职工薪酬——应付工资   6 400
    库存现金   2 100

(12) 在货运代理业务活动中,应负担业务人员工资 26 000 元,以银行存款支付业务费 19 000 元。企业应作会计分录如下:

借:主营业务成本——代理成本　　　　　　　　　　　　　　　　45 000
　　贷:应付职工薪酬——应付工资　　　　　　　　　　　　　　　26 000
　　　　银行存款　　　　　　　　　　　　　　　　　　　　　　　19 000

课后习题

一、单项选择题

1. 会计以( )为主要计量单位。
   A. 货币　　　　B. 实物　　　　C. 工时　　　　D. 劳动耗费
2. 会计的基本职能是( )。
   A. 预测和决策　　　　　　　　　B. 核算和监督
   C. 管理生产经济活动　　　　　　D. 分析和考核
3. 下列方法中,( )体现谨慎性原则的要求。
   A. 计提坏账准备　　　　　　　　B. 计提折旧
   C. 提取盈余公积　　　　　　　　D. 预收账款
4. 配比性原则是指( )。
   A. 收入和支出相互配比
   B. 本期的收入与本期的成本、费用相配比
   C. 收入与成本相互配比
   D. A 和 B
5. ( )为会计核算确立了核算的空间范围,( )为会计核算提供了必要手段。
   A. 会计分期、货币计量　　　　　B. 会计主体、会计分期
   C. 会计主体、货币计量　　　　　D. 持续经营、货币计量
6. 下列各项中,属于负债项目的是( )。
   A. 待摊费用　　B. 管理费用　　C. 应收账款　　D. 预提费用

二、多项选择题

1. 下列项目中,属于企业流动资产的有( )。
   A. 现金　　　　B. 预收账款　　C. 应收账款　　D. 存货
2. 下列项目中,属于流动负债的有( )。
   A. 应付账款　　B. 预提费用　　C. 预付账款　　D. 应交税费
3. 下列项目中,属于长期负债的有( )。
   A. 应付股利　　B. 应付债券　　C. 长期借款　　D. 长期应付款
4. 反映资金运动相对静止状态的会计要素有( )。
   A. 资产　　　　B. 负债　　　　C. 所有者权益　　D. 收入
5. 下列会计等式中正确的有( )。

A. 资产＝权益
B. 资产＝负债＋所有者权益
C. 资产＝所有者权益＋负债
D. 资产＝负债＋所有者权益＋收入－费用

6. 下列公式中,属于会计等式的是(　　)。
A. 资产＝负债＋所有者权益
B. 收入－费用＝利润
C. 借方发生额＝贷方发生额
D. 期初余额＋本期增加额－本期减少额＝期末余额

三、判断题

1. 负债是指过去的交易、事项形成的现时义务,履行该义务预期会导致经济利益流出企业。（　　）
2. 资产与负债及所有者权益的恒等关系,是复式记账法的理论基础,也是编制利润表的依据。（　　）
3. 可比性原则是指会计处理方法前后各期应当一致,使不同会计期间的会计资料具有可比性。（　　）
4. 预收账款和预付账款均属于负债。（　　）
5. 某一财产物资要成为企业的资产,其所有权必须属于企业。（　　）
6. 资产就是企业拥有的各种有形资产。（　　）
7. 可比性原则强调的是纵向比较,而一贯性原则强调的则是横向比较。（　　）
8. 会计基本等式是复式记账法的理论基础和编制资产负债表的依据。（　　）

四、编制分录题

(1) 某企业物流配送业务部门进行独立成本核算:该配送队配送员当月工资29 000元、配送队管理人员工资9 000元。作会计分录如下:

(2) 根据工资总额的14％计提职工福利费。作会计分录如下:

(3) 该物流配送部门该月产生燃料费用4 800元,消耗包装物1 200元,另外配送车辆消耗电费2 100元,队部产生水电费900元。作会计分录如下:

(4) 该物流配送部门拥有各型车辆10余部,每月折旧费用4 500元。作会计分录如下:

(5）汇总该物流配送部门所产生的配送成本

直接人工	直接材料	制造费用	合计

项目三　认识物流成本核算的方法

 知识目标

1. 了解物流成本的成本性态
2. 认识物流成本核算的品种法
3. 认识物流成本核算的批次法
4. 认识物流成本核算的作业成本法

 技能目标

1. 能利用品种法核算物流成本
2. 能利用批次法核算物流成本
3. 能利用作业成本法核算物流成本

任务一　利用品种法核算物流成本

一、范例

某运输企业提供客运和货运服务。其中客运车辆 20 辆、货运车辆 5 辆。企业根据不同的运输方式来作为不同的核算品种进行物流成本核算。10 月，其发生的各种生产费用资料如表 3-1 所示。

表 3-1　　　　　　　　某运输企业生产费用表　　　　　　　　单位:元

项目	直接材料(汽油)	直接人工(工人工资)	制造费用(其他不能直接分配的费用)
客运	24 000	100 000	40 500
货运	15 000	35 000	

要求：
（1）根据所给资料计算客运和货运的总成本和单位成本(制造费用按照直接人

工进行分配)。

(2) 编制物流成本核算表。

分析：

步骤一：成本项目的归集与分配

一般地，生产工时越多，制造费用也就可能越高。因此，制造费用同生产工时是有比较紧密的联系的。我们可以利用物流服务中与工时相联系的工人工资作为划分制造费用的标准，详见表3-2。

制造费用的分配率＝40 500÷(100 000＋35 000)＝0.3

表3-2　　　　　　　　　　　制造费用分配表　　　　　　　　　　　单位:元

项目	直接材料(汽油)	直接人工(工人工资)	制造费用分配率	制造费用(直接人工×分配率)
客运	24 000	100 000	0.3	30 000
货运	15 000	35 000	0.3	10 500

步骤二：核算客运成本

客运成本由构成客运成本的直接材料、直接人工和制造费用三类成本项目构成，如表3-3所示。

表3-3　　　　　　　　　　　客运成本核算表　　　　　　　　　　　单位:元

成本项目(品种)	直接材料	直接人工	制造费用	合　　计
总成本	24 000	100 000	30 000	154 000
单位成本(总成本/车辆数)	1 200	5 000	1 500	7 700

步骤三：核算货运成本

货运成本由构成客运成本的直接材料、直接人工和制造费用三类成本项目构成，如表3-4所示。

表3-4　　　　　　　　　　　货运成本核算表　　　　　　　　　　　单位:元

成本项目(品种)	直接材料	直接人工	制造费用	合　　计
总成本	15 000	35 000	10 500	60 500
单位成本(总成本/车辆数)	5 000	7 000	2 100	12 100

由以上的分配表，我们可以得知：

该运输企业的运输成本可以分为3个部分：投入的直接材料(汽油)，投入的直接人工(司机工资)及不能直接分配到货运、客运两个服务种类的其他费用(制造费用)。

直接材料和直接人工属于直接成本，可以根据成本动因直接归集到各个产品(各种服务)。而制造费用属于间接成本，不能直接归集到各个产品(各种服务)，需要根据一定的成本动因在各个产品(各种服务)间进行分配。

通过分别归集各个产品分类(服务分类)的直接材料、直接人工及分配的制造费用能够核算各个产品(服务)的总成本及单位成本。

二、关键知识

1. 品种法含义

品种法是指以产品品种(如劳务作业分类)作为成本计算对象来归集生产经营费用,计算产品成本的一种成本计算方法。品种法主要使用于大量、大批单步骤生产的业务。品种法是最基本的成本计算方法。

2. 品种法特点

(1) 品种法以产品品种或提供服务的种类作为成本计算对象,并据以设置产品成本明细账归集生产费用和计算产品成本。如果企业生产的产品或提供的服务不止一种,就需要以每一种产品或服务作为成本计算对象,分别设置产品成本明细账进行成本归集。

(2) 由于大量大批的生产是不间断的连续生产,无法按照产品的生产周期来归集生产费用,计算产品成本,因而只能定期按月计算产品成本,从而将本月的销售收入与产品生产成本配比,计算本月损益。因此,产品成本是定期按月计算的,与报告期一致,与产品生产周期不一致。

(3) 品种法适用于大量、大批、单步骤的业务流程核算,如物流运输企业。

(4) 品种法的核算一般以月为单位,定期进行。

3. 品种法的核算程序

根据品种法的特点,在业务过程中所发生的各种费用和成本,若能分得清是哪种产品或服务耗用的,就直接计入该产品成本;分不清楚是哪种产品或服务耗用的,则要采用适当的分配方法,在各类产品或服务之间进行横向分配,然后计入各种产品和服务。

品种法的核算程序具体可表述如下。

(1) 确定成本核算对象,并按照产品品种或服务分类开设产品成本明细账。

(2) 根据发生的经济业务编制会计分录,并按产品品种归集生产费用(材料费用、人工费用、资产损耗等),登记产品成本明细账。

(3) 将各项费用分别按产品品种(服务类别)分配计入有关成本项目(直接材料、直接人工、制造费用等)。

(4) 计算完工产品(服务)总成本和平均成本。

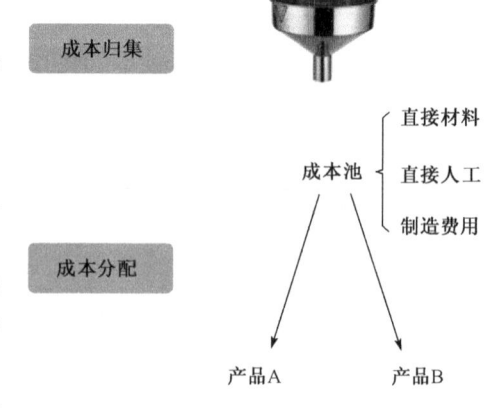

图 3-1 品种法的核算程序

三、学中做——品种法的成本核算流程

某物流企业 10 月份发生的客运及货运成本如下:

步骤一:材料费用的归集

10 月份客运服务部领用汽油 3 000 升,每升价格 7 元;领用柴油 4 500 升,每升价

格6元。货运服务部领用汽油5 000升,每升价格6元,详见表3-5。

表3-5　　　　　　　　　　　　直接材料费用　　　　　　　　　　　　　单位:元

品种分类	汽油	柴油	合计
客运服务	21 000	27 000	48 000
货运服务	—	30 000	30 000

小提示:在归集材料费用的时候需要将客运服务所使用的汽油和柴油与货运服务的分类核算,分别归集到客运服务与货运服务的成本池中。

步骤二:人工费用的归集

10月份客运服务部司机发放工资24 000元,货运服务部发放司机工资20 000元。

表3-6　　　　　　　　　　　　直接人工费用　　　　　　　　　　　　　单位:元

品种分类	工资	合计
客运服务	24 000	24 000
货运服务	20 000	20 000

小提示:在归集人工费用的时候,需要将与客运服务、货运服务直接相关的人员工资归集到各自的成本池中。

步骤三:制造费用的归集

10月份该物流公司发生固定资产折旧费32 000元,水电费5 400元,管理人员工资7 600元,详见表3-7。

表3-7　　　　　　　　　　　　制造费用　　　　　　　　　　　　　　　单位:元

项目	固定资产折旧费	水电费	管理人员工资	合计
制造费用归集	32 000	6 000	40 000	78 000

小提示:制造费用属于间接费用,无法直接归集到客运服务成本与货运服务成本中去,首先需要全部归集汇总。需要注意的是,管理人员工资与司机的工资不同,并非单个服务的产品动因,因此作为制造费用归集。

步骤四:制造费用的分配

制造费用的分配根据直接材料来分配,详见表3-8。

表3-8　　　　　　　　　　　　制造费用的分配　　　　　　　　　　　　单位:元

	直接材料	分配率	制造费用	分配制造费用
客运服务	48 000	0.615	78 000	48 000
货运服务	30 000	0.385		30 000
总计	78 000	—	78 000	78 000

小提示：由于制造费用分配需要根据成本动因，因此首先要计算制造费用分配率。分配率采用客运服务、货运服务所使用的直接材料占总金额的百分比来计算。

步骤五：汇总客运服务成本

客运服务成本由三大要素组成：直接材料（汽油、柴油）、直接人工（司机工资）以及制造费用（折旧费、管理人员工资、水电费），详见表3-9。

表3-9　　　　　　　　　　　　制造费用　　　　　　　　　　　　　单位：元

项目	直接材料	直接人工	制造费用	总计
客运服务	48 000	24 000	48 000	120 000

步骤六：汇总货运服务成本

货运服务成本由三大要素组成：直接材料（柴油）、直接人工（司机工资）以及制造费用（折旧费、管理人员工资、水电费），详见表3-10。

表3-10　　　　　　　　　　　　货运服务成本　　　　　　　　　　　　单位：元

项目	直接材料	直接人工	制造费用	总计
货运服务	30 000	20 000	30 000	80 000

因此，该运输公司10月份的运输成本分类核算可知，客运服务成本为120 000元，而货运服务成本为80 000元。

任务二　利用批次法核算物流成本

一、范例

某运输企业10月收到2张运输订单，企业内部订单批号为314、315。制造费用按照直接人工进行分配，订单详情及相关费用罗列如表3-11和表3-12所示。

表3-11　　　　　　　　　　　　制造费用明细表　　　　　　　　　　　单位：元

月份	管理人员工资	折旧费	办公费	水电费	其他	合计
10	12 000	5 600	10 000	4 400	4 000	36 000

表 3-12　　　　　　　　　　10月各批次费用汇总表　　　　　　　　　　单位:元

批次号	运输种类	直接材料	直接人工	分配率	制造费用	合计
314	货运(1车次)	6 000	18 000	0.5	9 000	33 000
315	货运(1车次)	6 000	36 000	0.5	18 000	60 000
	客运(1车次)	6 000	18 000	0.5	9 000	33 000
合计		18 000	72 000		36 000	126 000

依照直接人工的成本动因——工人工时对制造费用进行分配,计算得到分配率 =36 000÷(18 000+54 000)=0.5

要求:完成两批订单的成本核算单填制,计算两批订单的成本。

步骤一:填制订单314的成本核算单

在填制成本核算单时,订单314的成本项目分为直接材料、直接人工和制造费用三要素,如表3-13所示。

表 3-13　　　　　　　　　　订单314的成本核算表

成本项目	直接材料	直接人工	制造费用	合计
总成本(元)	6 000	18 000	9 000	33 000
单位成本(元/车次)	6 000	18 000	9 000	33 000

步骤二:填制订单315的成本核算单

在填制成本核算单时,订单315的成本项目分为直接材料、直接人工和制造费用三要素,如表3-14所示。

表 3-14　　　　　　　　　　订单315的成本核算表

成本项目	直接材料	直接人工	制造费用	合计
总成本(元)	12 000	54 000	27 000	93 000
单位成本(元/车次)	6 000	27 000	13 500	46 500

小提示:分批法只关注订单的批次,而不管订单中的各种品种分类(如客运和货运之分)。

由以上生产成本核算表我们可以得知:

(1) 具体业务的成本要素分类还是分为直接材料、直接人工和制造费用三类。所有的实际费用都必须归结到这三类要素中去。

(2) 直接材料和直接人工属于直接成本,可以根据成本动因直接归集到各个产品(各种服务)。而制造费用属于间接成本,不能直接归集到各个产品(各种服务),需要根据一定的成本动因在各个产品(各种服务)间进行分配。

(3) 在进行成本分配时,以订单作为分配对象而非产品品种。例如,在一张订单中出现多种产品时,我们依然只关注订单总体的成本而不关注单类产品的成本。

二、关键知识

1. 分批法定义

分批法是按照产品批别归集生产费用、计算产品成本的一种方法。在小批单件生产的企业中,企业的生产活动基本上是根据订货单位的订单签发工作号来组织生产的,按产品批别计算产品成本,往往与按定单计算产品成本相一致,因而分批法也叫订单法。分批法的核算有利于企业根据订单的成本和收益来判断是否承接该订单。

2. 分批法特点

(1) 以产品的批别(劳务作业的订单)作为成本核算的对象。能够准确反映单张订单或者单批次产品的成本情况。

(2) 适用于单件小批量、多品种的物流作业类型。

(3) 成本核算周期与生产周期一致,与核算报告周期不一致,属于不定期核算产品(劳务)成本法。

(4) 生产费用一般不需要在完工产品和月末在产品之间进行分配。分批法下,只有统一批次产品(劳务)全部完工才算作完工产品。

3. 分批法核算程序

根据分批法的产品特点,我们核算的主体都是围绕各项订单的(批次)。即使有的时候生产的是同种产品或提供的是同类服务,但是由于批次不同,在批次层面上的费用会略有差异,因此造成了每批次成本的不同。在分批法核算时,我们需要遵循如下原则。

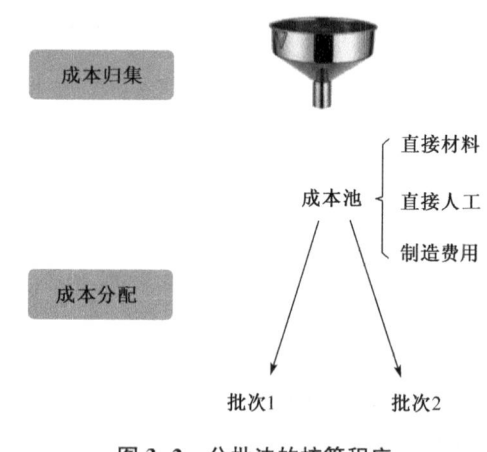

图3-2 分批法的核算程序

(1) 按订单(产品批次)设置成本明细账,进行各项费用和成本的归集。

(2) 将各项费用分别按订单(产品批次)计入相关成本项目,即每张订单的三要素(直接人工、直接材料及制造费用)。

(3) 利用订单成本汇总表计算各张订单(各批次产品)的总成本和单位成本。

三、学中做——分批法物流成本核算流程

某物流公司11月份收到3张订单运送商品,订单号分别为115、116、117。每张订单所需的车辆数为5辆、4辆、5辆,预估其发生的其他相关费用明细资料如表3-15和表3-16所示。

表 3-15　　　　　　　　　　　11 月各批产品成本资料汇总表　　　　　　　　　单位:元

订单号	直接材料(汽油)	直接人工(司机工资)
115	20 000	25 000
116	15 000	10 000
117	40 000	20 000

表 3-16　　　　　　　　　　　11 月制造费用汇总表　　　　　　　　　　单位:元

管理费用	折旧费	修理费	办公费	水电费	其他	总计
65 000	10 600	24 000	6 000	3 400	2 000	110 000

制造费用按照人力成本来分配。

要求:若客户愿意为订单 115、116、117 支付的运输货款分别为 12 000 元、11 000元及 24 000 元,该物流公司是否该承接此项运输任务?

步骤一:分配制造费用

表 3-17　　　　　　　　　　　制造费用分配表　　　　　　　　　　　单位:元

订单号	直接人工	分配率	制造费用	分配制造费用
115	25 000	0.455	110 000	50 000
116	10 000	0.182		20 000
117	20 000	0.363		40 000
合计	55 000	—	—	110 000

小提示:制造费用的分配根据各订单人工成本占总成本的比例来配比。

步骤二:订单 115 的成本核算单填制

表 3-18　　　　　　　　　　　订单 115 成本核算单　　　　　　　　　单位:元

订单 115	直接材料	直接人工	制造费用	合计
总成本	20 000	25 000	50 000	95 000
平均成本	4 000	5 000	10 000	19 000

小提示:平均成本的计算根据总成本除以用车数量。

步骤三:订单 116 的成本核算单填制

表 3-19　　　　　　　　　　　订单 116 成本核算单　　　　　　　　　单位:元

订单 115	直接材料	直接人工	制造费用	合计
总成本	15 000	10 000	20 000	45 000
平均成本	3 750	2 500	5 000	11 250

小提示：平均成本的计算根据总成本除以用车数量。

步骤四：订单117的成本核算单填制

表 3-20　　　　　　　　　订单117成本核算单　　　　　　　　单位：元

订单115	直接材料	直接人工	制造费用	合计
总成本	40 000	20 000	40 000	100 000
平均成本	8 000	4 000	8 000	20 000

小提示：平均成本的计算根据总成本除以用车数量。

经过核算，我们得到订单115、116、117的总成本分别为19 000元、11 250元及20 000元。与客户愿意支付的订单费用12 000元、11 000元及24 000元。相比较后，不难发现，订单116亏损250元，订单116与订单117分别盈利1 000元与4 000元。若三笔订单

需要捆绑承接，则由于总体依然盈利，所以可以承接。若可以选择性承接，则应当剔除订单116。而需要排他性承接订单时，则应当选择利润最高的订单117。

任务三　利用作业成本法核算物流成本

一、范例

某快递公司将业务分成小件业务及大件业务两个部分，采用作业成本法（ABC法）进行成本核算，费用汇总如表3-21所示。

表 3-21　　　　　　　　　生产成本汇总表　　　　　　　　　　单位：元

成本项目	本月业务数量（件）	直接材料	直接人工	制造费用
小件业务	5 000	10 000	30 000	30 000
大件业务	1 000	25 000	25 000	

制造费用按照成本动因归集到各作业中心，汇总表如表3-22所示。

表 3-22　　　　　　　　制造费用成本汇总表　　　　　　　　　单位：元

作业中心	设备维护	订单处理	转运处理	合计
成本动因	维护次数	订单份数	订单重量	
费用归集	12 000	6 000	12 000	30 000

(续表)

作业中心		设备维护	订单处理	转运处理	合计
作业量	小件业务	400 次	5 000 份	4 000 千克	
	大件业务	100 次	1 000 份	8 000 千克	
	合计	500 次	6 000 份	12 000 千克	

要求：根据所给数据，分别核算大件业务和小件业务的物流成本。已知单件小件业务的平均收费是16元，单件大件业务的平均收费是75元，那么该企业是应当将更多的资源投向小件业务还是大件业务？

分析：

步骤一：归集每个作业中心的费用

作业成本法需要确定发生成本的成本动因，然后将费用根据成本动因划分到每一个作业中心中去。

表 3-23　　　　　　　　　　设备维护中心成本分摊表　　　　　　　　单位：元

成本动因	归集费用	小件业务量	400 次	分配率＝归集费用÷作业量总计	小件业务作业成本	9 600
		大件业务量	100 次		大件业务作业成本	2 400
设备维护次数	12 000 元	合计	500 次	24 元/次	合计	12 000

表 3-24　　　　　　　　　　订单处理中心成本分摊表　　　　　　　　单位：元

成本动因	归集费用	小件业务量	5 000 份	分配率＝归集费用÷作业量总计	小件业务作业成本	5 000
		大件业务量	1 000 份		大件业务作业成本	1 000
订单处理份数	6 000 元	合计	6 000 份	1 元/份	合计	6 000

表 3-25　　　　　　　　　　转运处理中心成本分摊表　　　　　　　　单位：元

成本动因	归集费用	小件业务量	4 000 千克	分配率＝归集费用÷作业量总计	小件业务作业成本	4 000
		大件业务量	8 000 千克		大件业务作业成本	8 000
订单重量	12 000 元	合计	12 000 千克	1 元/千克	合计	12 000

步骤二：汇总两种不同业务的制造费用

表 3-26　　　　　　　　　　制造费用分配表　　　　　　　　　　单位：元

	设备维护中心	订单处理中心	转运处理中心	总计
小件业务	9 600	5 000	4 000	18 600
大件业务	2 400	1 000	8 000	11 400

小提示：制造费用包括产品生产成本中除直接材料和直接人工以外的其余一切生产成本，主要包括企业各个生产单位（车间、分厂）为组织和管理生产所发生的一切费用。

步骤三：计算两种不同业务的总成本及单位成本

根据成本动因分摊的制造费用汇总小件业务和大件业务的总成本。

表 3-27　　　　　　　　　　小件业务成本表(5 000 件)　　　　　　　　　　单位：元

成本项目	直接材料	直接人工	制造费用	合计
总成本(元)	10 000	30 000	18 600	58 600
单位成本(元/件)	2	6	3.72	11.72

表 3-28　　　　　　　　　　大件业务成本表(1 000 件)　　　　　　　　　　单位：元

成本项目	直接材料	直接人工	制造费用	合计
总成本(元)	25 000	25 000	11 400	61 400
单位成本(元/件)	25	25	11.40	61.40

小提示：各种业务的成本要素归集分配的对象还是成本项目："直接材料""直接人工"和"制造费用"3 项。

由以上分析可知，小件业务的单件平均成本为 11.72 元，而平均收费是 16 元，毛利率为 36.5％；而大件业务的单件平均成本为 61.40 元，而平均收费为 75 元，毛利率为 22.2％。因此在资源有限的情况下，应当将更多的资源用于小件业务的承揽上，以提高利润率。

二、关键知识

（一）作业成本法定义

作业成本法就是以作业量为成本分配基础，以作业为成本计算对象，提供成本信息的成本核算方法。

作业就是企业为了提供一定产量的产品或劳务所消耗的人力、技术、原料、方法和环境的集合体。比如：维修工作，质检工作，订单分拣工作等等。

作业中心就是企业为了提供一定产量的产品或劳务而消耗人力、物力、技术、方法和环境的集合体。比如：维修部门、质检部门、订单管理部门等等。

作业成本法的指导思想是："成本对象消耗作业，作业消耗资源"。作业成本法把直接成本和间接成本(包括期间费用)作为产品(服务)消耗作业的成本同等地对待，拓宽了成本的计算范围，使计算出来的产品(服务)成本更准确真实。

（二）作业成本法特点

（1）制造费用等间接费用的分配按照成本动因分别设立作业中心，按作业中心建立制造费用成本库进行分配。

（2）制造费用等间接费用的分配标准由单标准改为多标准，提高了产品成本中制造费用项目的准确性。在作业成本法下，一个车间发生的制造费用细分为各个成本动因的费用，各个成本动因就按各自的标准进行分配。

（3）作业成本法是更广泛的完全成本法，并且在这种方法下，所有的成本均是变动的。在作业成本法下,对于营销、产品设计等领域发生的成本,只要与特定产品相关就可通过有作业分配至有关产品(或其他成本对象)中,而不同于传统的完全成本法将其列为期间费用,一次性扣除。同时,某些原先被视为固定不变的成本在作业成本法的观点下,它们虽然不随产量增加而增加,但却会随其他因素的变化而改变,因此均被视为变动成本。

(三)作业成本法核算流程

作业成本法顾名思义就是要通过作业成本库根据作业动因分配产品或劳务所耗费的间接费用的方法,为了达到这个目的,我们需要注意以下几点。

1. 设定作业成本法实施的目标、范围

作业成本的实施必须目标明确,即决策者如何利用作业成本计算提供的信息。实施范围是作业成本的实施部门,作业成本可以在全企业实施也可以在独立核算的部门实施,作业成本的实施主体必须明确。

2. 了解企业的运作流程,收集相关信息

详细了解企业的经营过程,理清企业的成本流动过程,确定成本发生的因素,明确各个部门对成本的责任,便于设计作业以及责任控制体系。

3. 建立企业的作业成本核算模型

在对企业的运作进行充分了解与分析的基础上,设计企业的作业成本核算模型,主要确定以下内容:企业资源、作业和成本对象的确定,包括它们的分类,与各个组织层次的关系,各个计算对象的责任主体,资源作业分配的成本动因,资源到作业的分配关系、作业到作业产品的分配关系建立。

4. 计算分析解释作业成本运行结果

根据作业成本模型进行计算,通过所得的计算结果进行分析与解释,如成本偏高的原因,成本构成的变化等。

5. 采取行动

针对成本核算反映的问题采取行动。如提高作业效率,考核组织和员工,改变作业的执行方式,消除无价值的作业。

三、学中做——作业成本法核算流程

某物流运输企业加工配送两种产品——甲产品、乙产品,其在加工配送过程中产生的费用情况如表3-29所示。

表3-29　　　　　　　　　　甲、乙产品费用表　　　　　　　　　　单位:元

作业资源	订单处理	包装处理	装卸处理	运输处理
燃料动力费	200	4 000	1 200	8 600
工人工资	3 400	5 000	4 200	7 500
折旧费用	500	760	500	1 200
办公费	400	240	100	700
合计	4 500	10 000	6 000	18 000

要求：根据甲、乙两种产品的成本动因来分配成本并分别计算两种产品的单件成本。

步骤一：确定燃料动力费用的分配：

经研究发现，燃料动力费与4个环节的业务量直接关联，构成物流成本项目的直接材料费用，根据甲、乙两种产品的运输量可以直接分配。

甲、乙两种产品归集汇总燃料动力费＝200＋4 000＋1 200＋8 600＝14 000元

按照甲产品运输量2 000吨，乙产品运输量5 000吨来分配燃料动力费用，其分配率＝$\frac{14\ 000}{5\ 000+2\ 000}$＝2。

所以甲产品应分配的燃料动力费＝2 000×2＝4 000元，乙产品应分配的燃料动力费＝5 000×2＝10 000元。

小提示：在进行物流成本核算的时候，我们依然按照每种产品作为核算对象来进行核算。而在进行成本项目确认的时候，也依然依照每个成本核算对象的料、工、费3个项目分别核算。

步骤二：确定工人工资的分配

同样，工人工资与4个环节的生产业务直接关联，构成物流成本项目中的人工费用；而工资的分配与工人在两种产品的各个物流环节业务中的工时直接关联，计算过程参见表3-30。

表3-30　　　　　　　　　　　工人工资分配表　　　　　　　　　　　单位：元

工人工资	成本动因：工时量		
订单处理	包装处理	装卸处理	运输处理
3 400	5 000	4 200	7 500

甲产品耗用工时量 10 000 工时　　　　　　乙产品耗用工时量 11 100 工时

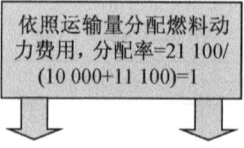

甲产品分配得到的工人工资＝
10 000×1＝10 000

乙产品分配得到的燃料动力费用＝
11 100×1＝11 100

步骤三：根据不同的业务环节确定折旧费与办公费的分配

依据业务的实际情况，各环节的折旧费与办公费同产品甲、乙的物流成本无法直接关联；且在4个业务环节的成本动因各不相同。因此，我们将折旧费与办公费作为制造费用来处理，分4个环节依据其自身的成本动因来分配，详见表3-31至表3-35。

表3-31　　　　　　　　　　订单处理环节制造费用分配表　　　　　　　　　单位：元

订单处理	成本动因：运输批次（甲运输批次50次，乙运输批次40次）
折旧费：500	办公费：400
制造费用汇总金额为900，分配率=900/(50+40)=10	
甲产品的制造费用为50×10=500	乙产品的制造费用为40×10=400

小提示：制造费用的分配标准有时比较难以把握，往往需要根据不同作业活动中心的成本动因加以区分。因此，我们对制造费用在4个不同环节采用不同的分配率进行分配。

表3-32　　　　　　　　　　包装处理环节制造费用分配表　　　　　　　　　单位：元

包装处理	成本动因：产品数量（甲产品数量1 600件，乙产品数量400件）
折旧费：760	办公费：240
制造费用汇总金额为1 000，分配率=1 000/(1 600+400)=0.5	
甲产品的制造费用为1 600×0.5=800	乙产品的制造费用为400×0.5=200

表3-33　　　　　　　　　　装卸处理环节制造费用分配表　　　　　　　　　单位：元

包装处理	成本动因：产品数量（甲产品数量1 600件，乙产品数量400件）
折旧费：500	办公费：100
制造费用汇总金额为600，分配率=600/(1 600+400)=0.3	
甲产品的制造费用为1 600×0.3=480	乙产品的制造费用为400×0.3=120

表 3-34	运输处理环节制造费用分配表	单位:元
运输处理	成本动因:产品质量(甲产品质量 600 吨,乙产品数量 350 吨)	
折旧费:1 200		办公费:700

制造费用汇总金额为 1 900,分配率=1 900/(600+350)=2

甲产品的制造费用为 600×2=1 200	乙产品的制造费用为 350×2=700

步骤四:核算甲产品和乙产品的成本

甲、乙产品成本核算如表 3-35 所示。

表 3-35			甲、乙产品成本核算表		单位:元
	燃料费	人工费	制造费用	物流业务总成本	单件成本
甲产品 (1 600 件)	4 000	10 000	订单处理:500 包装处理:800 装卸处理:480 运输处理:1 200	16 980	10.61
乙产品 (400 件)	10 000	11 100	订单处理:400 包装处理:200 装卸处理:120 运输处理:700	22 520	56.30

小提示:最终对于产品成本的汇总依照料、工、费 3 个部分来加总核算,并依据产品生产量来求取平均值。

课后习题

一、填空题

1. 物流成本核算的品种法,是按照_____作为成本计算对象来归集生产经营费用,计算产品成本的一种成本计算方法。

2. 物流成本核算的分批法,是按照_____作为成本计算对象来归集生产经营费用,计算产品成本的一种成本计算方法。

3. 物流成本核算的作业成本法就是以_____为成本分配基础,以_____为成本计算对象,提供成本信息的成本核算方法。

4. _____的核算有利于企业根据订单的成本和收益来判断是否承接该订单。

5. 在物流成本核算中,具体业务的成本要素分类分为_____、_____、_____ 3 类。

6. _____ 就是企业为了提供一定产量的产品或劳务所消耗的人力、技术、原料、方法和环境的集合体。

二、选择题

1. 物流成本核算中品种法的特点不包括（　　）。
   A. 品种法以产品品种或提供服务的种类作为成本计算对象
   B. 品种法适用于大量、大批、单步骤的业务流程核算
   C. 品种法的核算一般以月为单位，定期进行
   D. 品种法核算与生产服务周期一致，与报告期不一致

2. 物流成本核算中分批法的特点不包括（　　）。
   A. 以产品的批别（劳务作业的订单）作为成本核算的对象，能够准确了解某项品种或某类服务的成本情况
   B. 适用于单件小批量、多品种的物流作业类型
   C. 成本核算周期与生产周期一致，与核算报告周期不一致
   D. 生产费用一般不需要在完工产品和月末在产品之间进行分配

3. 物流成本核算中作业成本法的特点不包括（　　）。
   A. 制造费用等间接费用的分配按照成本动因分别设立作业中心，按作业中心建立制造费用成本库进行分配
   B. 制造费用等间接费用的分配标准由多标准改为单标准
   C. 在作业成本法下原先的固定成本会随其他因素的变化而改变，因此均被视为变动成本
   D. 作业成本法是更广泛的完全成本法

4. 作业成本法核算流程是（　　）。
   A. 设定目标→建立模型→计算结果→采取行动
   B. 建立模型→设定目标→计算结果→采取行动
   C. 建立模型→计算结果→设定目标→采取行动
   D. 设定目标→建立模型→收集信息→采取行动

三、简答题

1. 品种法的核算一般流程是什么？

2. 分批法的核算一般流程是什么？

四、计算题

1. 某企业有两种卡车可用于运输服务，现利用品种法计算两种不同卡车的运输成本。该月的汽油消耗与司机工资如表3-36所示。

表 3-36　　　　　　　　　　汽油消耗与司机工资表　　　　　　　　　　单位：元

品种分类	直接材料（汽油）	直接人工（司机工资）
5 吨卡车	2 000	8 000
3 吨卡车	1 500	5 000

该月制造费用汇总如表 3-37 所示。

表 3-37　　　　　　　　　　制造费用汇总表　　　　　　　　　　单位：元

管理费用	折旧费	修理费	水电费	其他	总计
5 000	3 500	1 500	2 000	1 000	13 000

注意：制造费用按照人力成本来分配。

计算 5 吨卡车与 3 吨卡车的运输成本分别为多少，请填写以下表格。

表 3-38　　　　　　　　　　制造费用分配表

类型	直接人工（元）	分配率	制造费用（元）	分配制造费用（元）
5 吨卡车				
3 吨卡车				
合计				

要求：根据人力成本列式计算制造费用的分配率。

表 3-39　　　　　　　　　　5 吨卡车成本核算单　　　　　　　　　　单位：元

5 吨卡车	直接材料	直接人工	制造费用	合计
总成本				

表 3-40　　　　　　　　　　3 吨卡车成本核算单　　　　　　　　　　单位：元

3 吨卡车	直接材料	直接人工	制造费用	合计
总成本				

2. 利用作业成本法核算某物流企业加工配送成本

某公司加工配送两种产品——甲产品、乙产品，其在加工配送过程中产生的费用情况如表 3-41 所示。

表 3-41　　　　　　　　　　甲、乙产品费用表　　　　　　　　　　单位：元

作业资源	订单处理	包装处理	装卸处理	运输处理
燃料动力费	200	4 000	1 200	3 600
工人工资	4 000	5 000	4 200	5 500
折旧费用	800	1 000	600	900
合计	4 500	10 000	6 000	10 000

要求：根据甲、乙两种产品的成本动因来分配成本并分别计算两种产品的加工配

送成本。

表 3-42　　　　　　　　　　　燃料动力费用分配表

燃料动力费	成本动因:运输量		
订单处理	包装处理	装卸处理	运输处理
甲产品运输量 2 000 吨		乙产品运输量 3 000 吨	

列式计算以"运输量"为成本动因的分配率:

甲产品分配得到的燃料动力费=	乙产品分配得到的燃料动力费用=

表 3-43　　　　　　　　　　　工人工资分配表

工人工资	成本动因:工时量		
订单处理	包装处理	装卸处理	运输处理
甲产品耗用工时量 6 000 工时		乙产品耗用工时量 4 000 工时	

列式计算以"工时量"为成本动因的分配率:

甲产品分配得到的工人工资=	乙产品分配得到的燃料动力费用=

4个业务环节的成本动因各不相同,所以制造费用的分配也各有不同,成本动因如表 3-44 至表 3-47 所示。请填写表格空白部分。

表 3-44　　　　　　　　　　订单处理环节制造费用分配表

订单处理	成本动因:运输批次(甲运输批次 50 次,乙运输批次 30 次)
折旧费:	

列式计算以"运输批次"为成本动因的分配率:

甲产品的制造费用=	乙产品的制造费用=

表 3-45　包装处理环节制造费用分配表

包装处理	成本动因:产品数量(甲产品数量1 600件,乙产品数量400件)
折旧费:	

列式计算以"产品数量"为成本动因的分配率:

甲产品的制造费用=	乙产品的制造费用=

表 3-46　装卸处理环节制造费用分配表

包装处理	成本动因:产品数量(甲产品数量1 600件,乙产品数量400件)
折旧费:	

列式计算以"产品数量"为成本动因的分配率:

甲产品的制造费用=	乙产品的制造费用=

表 3-47　运输处理环节制造费用分配表

运输处理	成本动因:产品质量(甲产品质量600吨,乙产品数量300吨)
折旧费:	

列式计算以"产品质量"为成本动因的分配率:

甲产品的制造费用=	乙产品的制造费用=

表 3-48　甲、乙产品成本核算表

	燃料费	人工费	制造费用	物流业务总成本	单件成本
甲产品 (1 600件)			订单处理: 包装处理: 装卸处理: 运输处理:		
乙产品 (400件)			订单处理: 包装处理: 装卸处理: 运输处理:		

项目四 核算物流仓储成本

知识目标

1. 认识仓储成本的构成
2. 认识存货核算流程
3. 认识仓储管理的意义及方法

技能目标

1. 能够核算物流仓储成本
2. 能够对仓储成本进行分析和管理

任务一 认识仓储成本的构成

一、案例分析

物流仓储的库存费用在物流成本构成中的位置

从物流成本构成来看，物流成本主要由3部分组成：库存费用、运输费用和管理费用。比较近20多年来的变化可以看出，运输成本在GDP中比例大体保持不变，而库存费用比重降低是导致物流总成本比例下降的最主要的原因，这一比例由过去接近5%下降到不足4%。由此可见，降低库存成本、加快周转速度是现代物流发展的突出成绩。也就是说利润的源泉更集中在降低库存、加速资金周转方面。

物流成本包括的3个部分各自有其测算的办法。第一部分库存费用是指花费在保存货物方面的费用，除了包括仓储、残损、人力费用及保险和税收费用外，还包括库存占压资金的利息。其中利息是当年商业利率乘以全国商业库存总金额得到的。把库存占压的资金利息加入物流成本，这是现代物流与传统物流费用计算的最大区别。只有这样，降低物流成本和加速资金周转速度才从根本利益上统一起来。库存占压资金的利息在物流企业平均流动资金周转次数达到10次的条件下，约为库存成本的

1/4,为总物流成本的 1/10,数额之大,不可小视。

实践表明,物流成本中运输部分的比例大体不变,减少库存支出就成为降低物流成本的主要来源。减少库存支出就是要加快资金周转、压缩库存,这与同期库存平均周转期降低的现象是吻合的。因此,发展现代物流就是要把目标锁定在加速资金周转和降低库存水平上面。物流成本的概念必须拓展,库存支出不仅仅是仓储的保管费用,更重要的是要考虑它所占有的库存资金成本,即库存占压资金的利息。

思考:从上述案例分析中可以得到什么启示?

二、关键知识

(一)仓储与库存的概念

仓储是伴随着社会生产的产品剩余和产品流通的需要而产生的。仓储的概念和运输的概念相对应,仓储是以改变"物"的时间状态为目的的活动,它通过克服需求间的时间差异而使产品获得更好的效用,而运输则是以改变"物"的空间状态为目的的活动。仓储和运输是物流系统中的两大主要功能要素,被称为物流的两个支柱。

所谓仓储,是指通过特定场所储存和保管货物的行为,是对有形物品提供存放场所、存取物品过程和对存放物品的保管、控制的过程。仓储是物品离开生产过程但尚未进入消费过程的间隔时间内的物流停滞。简言之,仓储是在特定的场所储存物品的行为。它是包含库存和储备在内的一种经济现象,普遍存在于一切社会现象中。

所谓库存,是指仓库中处于暂时停滞状态的货物,即处于储存状态的物品。广义的库存还包括处于制造加工状态和运输状态的物品。储备则是一种能动的储存形式,是有目的地、能动地、主动地储存物品,是储存起来以备急需的物品。仓储活动随着货物储存的产生而产生,又随着生产力的发展而发展。

(二)仓储的作用

1. 仓储是保证社会再生产过程顺利进行的必要条件

物品的仓储过程不仅是商品流通的必要保证,也是社会再生产过程得以顺利进行的必要条件,缺少了仓储,流通过程便会终止,再生产过程也将停止。

现代生产的复杂性使得生产领域中存在着不均衡、不同步的客观现象,因此就需要进行调整,即生产的产品要经过一定时间的仓储保管才能和消费相协调。此外,出于应急突发事件和自然灾害的要求,为了合理使用资源,防止产品过剩造成浪费,需要对生产的产品进行一定时间的仓储。

仓储在工业化时期起着"蓄水池"的作用,在现代物流领域,它起着对整个物流过程的调节作用,被称为"调节阀"。

2. 仓储是"第三利润源"的重要来源

通过仓储活动,使商品在效用最高的时候发挥作用,这就充分发挥了商品的效用,实现了商品时间上的最优配置。从这个意义上来看,仓储创造了"时间效用",提高了商品的使用价值,达到了商品增值的目的。

仓储活动作为一种停滞,在"存"的过程中商品使用价值降低,各种仓储成本支出又必然削减利润。那么"第三利润源"又从何说起?可以从以下几个方面分析:首先,有了仓储保证,就无须紧急采购,降低了采购成本;其次,有了仓储保证,省去了增加成本的加班赶工费;最后,有了仓储保证,就能在有利时机进行销售,这必然会增加销售利润。

3. 仓储是节约流通成本的重要手段

商品在仓库内的滞留,表面上是流通的停止,而实际上恰恰促进了商品流通的畅通。仓储的发展,在调配余缺、减少生产和销售部门的库存积压,在总量上减少地区内商品存储量等方面起到非常积极的作用。另外,加快仓储环节的收发和出库前为流通所作的充分准备,将直接影响到商品流通的时间。

企业一般是从多个供应商处分别购进原材料和零部件并运至仓库,经过必要的加工处理后,整批运至下一道工序(或客户);或者将商品从工厂大量运至仓库,然后按客户的要求进行加工处理后,小批量运到市场或运给客户。这时,与直接运输相比,作为集散中间环节的仓库的存在,可以大大节约流通成本,调节运力差异,提高运输效率。

4. 仓储是调节供应和需求的有效手段

由于生产和消费之间或多或少在时间或空间上存在着差异,仓储可以提高商品的时间效用,调整均衡生产和集中消费或集中生产和均衡消费在时间上的矛盾。同时,仓库合理地靠近客户,可以根据客户的要求,将商品在仓库中进行加工、分拣、包装、配套等,使商品适时地到达客户手中,将大大提高客户的满意度,并扩大企业销售。这一点对于企业产成品仓库来说尤其重要。

(三)物流仓储成本的构成

仓储成本的构成主要包括以下几个方面,如图 4-1 所示。

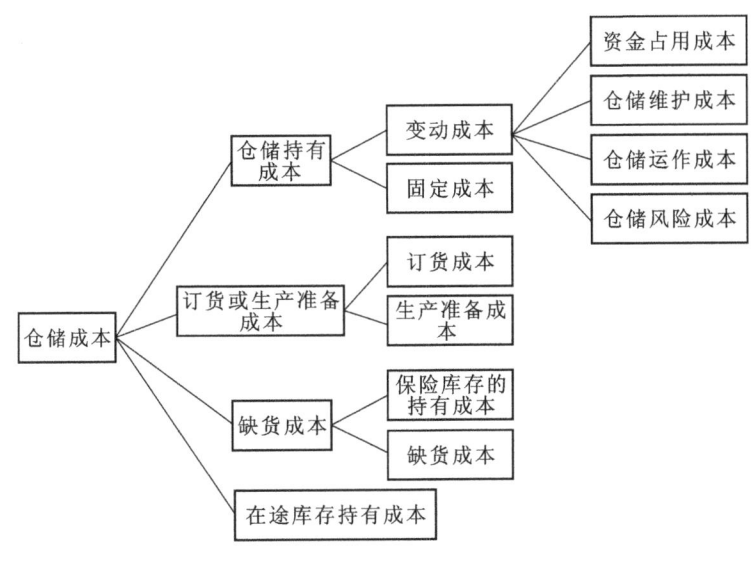

图 4-1 仓储成本的构成

1. 仓储持有成本

仓储持有成本是指为保持适当的库存而发生的成本,可以分为固定成本和变动成本。

(1) 固定成本。仓储持有成本中的固定成本是相对固定的,与一定限度内的库存数量无直接关系。固定成本包括仓储设备折旧、保险费用和税金、仓储设备的维护费用和仓库职工工资等。

(2) 变动成本。变动成本取决于仓储数量的多少,如库存占用资金的利息费用、仓储物品的毁损和变质损失、保险费用、搬运装卸费用和挑选整理费用等。它主要包括资金占用成本、仓储维护成本、仓储运作成本和仓储风险成本。

一是资金占用成本:资金占用成本也称为利息费用或机会成本,是仓储成本的隐含费用。它是仓储持有成本的一个重要组成部分,通常用持有库存的货币价值的百分比表示。也有用确定企业新投资最低回报率来计算资金占用成本的。为了核算方便,一般情况下,资金占用成本指占用资金支付的银行利息。

二是仓储维护成本:仓储维护成本主要包括与仓库有关的租赁、取暖、照明、设备折旧、保险费用和税金等费用。仓储维护成本取决于企业采取的仓储方式。如果企业利用自用的仓库,大部分仓储维护成本是固定的;如果企业利用公共的仓库,则有关存储的所有成本将直接随库存数量的变化而变化。

另外,在计算仓储维护成本时还得考虑税收及保险费。这些费用随着产品及库存水平的不同而不同,一般成正比关系。

三是仓储运作成本:仓储运作成本主要与货物的出入仓库有关,即通常所说的搬运装卸成本。

四是仓储风险成本:仓储风险成本是指由于企业无法控制而造成的库存货物贬值、损坏、丢失和变质等损失。

2. 订货或生产准备成本

订货或生产准备成本是指企业向外部的供应商发出采购订单的成本,或指企业内部的生产准备成本。这项成本通常和订货或生产准备次数直接相关,而和订货量或生产量无直接关系。

(1) 订货成本。订货成本是指企业为了实现一次订货而进行的各种活动所消耗的费用,包括处理订货的差旅费和办公费等。订货成本中有一部分与订货次数无关,如常设机构的基本开支等,称为订货的固定成本;另一部分与订货的次数有关,如差旅费和通信费等,称为订货的变动成本。一般来说,订货成本包括与下列活动相关的费用:①检查存货。②编制并提出订货申请。③对多个供应商进行调查比较,选择最合适的供应商。④填写并发出订单。⑤填写并核对收货单。⑥验收发来的货物。⑦筹集资金并付款。这些成本很容易被忽视,但在考虑涉及订货和收货的全部活动时,这些成本很重要。

(2) 生产准备成本。生产准备成本是指当库存的某些产品不由外部供应而是由企业自己生产时,企业为生产一批货物而进行准备的成本。其中,固定成本包括更换模具和增添某些专用设备等的成本;变动成本包括材料费、加工费和人工费等。

3. 缺货成本

缺货成本,又称亏空成本,是由于外部和内部中断供应而产生的。当企业的用户得不到全部订货时,叫做外部短缺;外部短缺将导致延期交货、当前利润损失和未来利润损失(商誉损失)。而当组织内部的一个班组或一个部门得不到全部订货时,叫做内部短缺;内部短缺可能导致生产损失(人员和机器的闲置)和完工日期的延误。

4. 在途库存持有成本

对部分以目的地交货销售货物的企业而言,企业要负责将货物运达客户,当客户收到订货货物时,货物的所有权才转移。从理财的角度来看,货物仍是销售方的库存。因为这种在途货物在交给客户之前仍然属于企业所有,运货方式及所需的时间是储存成本的一部分,企业应该对运输成本与在途库存持有成本进行分析。

一个重要的问题是如何计算在途库存持有成本,前面对论过仓储持有成本的4个方面,即资金占用成本、仓储维护成本、仓储运作成本、仓储风险成本,这些成本对于在途库存来说有所变化。在途库存的资金占用成本一般等于仓库中库存的资金占用成本;仓储运作成本和仓储维护成本一般与在途库存不相关,但对保险费用要加以考虑;由于运输服务具有短暂性,货物过时或变质的风险要小一些,因此仓储风险成本较小。

一般来说,在途库存持有成本要比仓储持有成本小,在实际业务中,需要对每一项成本进行仔细分析,才能准确计算出在途库存持有成本的实际数额。

三、学中做

1. 仓储持有成本与仓储水平的关系

随着仓储水平的提高,年仓储持有成本将随之增加。也就是说,存储成本是可变动成本,与平均存货数量或存货平均值成正比。

2. 订货成本与仓储持有成本的关系

订货成本与仓储持有成本,随着订货次数或订货规模的变化呈反方向变化,起初随着订货批量的增加,订货成本的下降比仓储持有成本的增加要快,即订货成本的边际节约额比仓储持有成本的边际增加额要多,使得总成本下降。当订货批量增加到某一临界点时,订货成本的边际节约额与仓储持有成本的边际增加额相等,这时总成本最小。此后,随着订货批量的不断增加,订货成本的边际节约额比仓储持有成本的边际增加额要小,导致总成本不断增加。由此可见,总成本呈U形变化。

3. 发生缺货成本可能产生的后果

假若某项货物缺货时出现需求,则经济损失要根据这种短缺是延期付货,还是用其他替代货物来补偿或是取消订货而定。在第一种情况下,如为延期付货,通常公司将进行应急的加速订货以取得该货物,即延期付货将导致加速费用、手续费和专门的装运和包装费等。而在后一种情况下,就会失销。在这种情况下,缺货成本包括销售利润的损失直至难以估量的商誉损失。商誉损失很可能导致用户以后不再购买本企业的其他货物。如果由于某项货物短缺而引起整个生产线停工,这时缺货成本就可能非常高。

任务二 核算仓储成本

一、案例分析

美国仓储成本的核算方法

美国仓储成本的核算方法是将仓储成本分成两部分,分别核算固定成本和变动成本。

1. 核算固定成本

仓储成本中的固定成本是相对固定的,与库存数量无直接关系,其成本项目主要包括租赁费、照明费和设备折旧费等。

2. 核算变动成本

(1) 确定库存货物成本。

(2) 估算每一项仓储成本占库存货物价值的比例。其中,仓库租金、仓库折旧和税金、保险费的比例是 3‰~10‰;搬运装卸费、设备折旧费、能源消耗和人工费的比例是 1‰~5‰;资金占用成本、库存货物损坏变质损失的比例为 5‰~25‰。

(3) 用全部存储成本占库存货物价值的比例乘以货物价值,估算出保管一定数量货物的年仓储成本。

思考:我国传统方法核算的仓储成本与美国仓储成本的核算方法相比,两者各有什么优缺点?(提示:传统方法比较繁琐,但费用可以从会计科目中分离得到,比较准确)

二、关键知识

(一) 仓储成本核算的目的

仓储活动的成本主要包括以下 3 个部分。

(1) 伴随货物的物理性活动而发生的费用,以及从事这些活动所需的设施设备成本。

(2) 伴随物流信息的传递与处理活动而发生的费用,以及从事这些活动所必需的设施设备成本。

(3) 对上述活动进行综合管理的成本。

仓储成本是客观存在的,但是,在对仓储成本的核算内容和范围没有一个统一的标准之前,不同的企业有不同的核算方法,这给仓储成本核算和仓储成本管理带来很大困难。随着仓储成本管理重要性的提高,企业出现统一物流计算标准的要求。在这种背景下,有关部门开始致力于仓储成本计算标准的制定。从企业经营的总体上看,仓储成本核算获得的数据,主要为了满足以下 5 个方面的需要。①为各个层次的经营管理者提供物流所需的成本资料。②为编制物流预算以及预算控制提供所需的成本资料。③为制定物流计划提供所需的成本资料。④提供价格计算所需的成本资料。⑤为监控仓储管理水平而收集各种成本信息。

为达到以上目的，仓储成本除了按物流活动领域、按支付形态等类别分类外，还应根据管理上的客观需要进行分类，而且要通过对不同期间成本的比较，对实际发生费用与预算标准的比较，并结合仓储周转数量和仓储服务水平，对仓储成本进行分析比较。

（二）仓储成本核算的范围

在计算仓储成本之前，需要明确仓储成本的计算范围。计算范围取决于成本计算的目的，如果要对所有的仓储活动进行管理，就需要计算出所有的仓储成本。同样是仓储成本，由于所包括的范围不同，计算结果也不一样。如果只考虑库房本身的费用，不考虑仓储的其他领域费用，也不能全面反映仓储成本的全貌。每个企业在统计仓储费用时的口径不一样，往往缺乏可比性。因此，在讨论仓储成本的时候，首先应该明确成本计算所包括的范围。

在计算仓储成本时，原始数据主要来自财务部门。因此，应该把握按支付形态分类的成本。在这种情况下，对外支付的保管费可以直接作为仓储物理成本全额统计，但对于企业内发生的仓储费用是与其他部门发生的费用混合在一起的，需要从中剥离出来，例如，材料费、人工费、物业管理费、管理费、营业外费用等。

(1) 材料费是与包装材料、器具用品、消耗工具、燃料等关联的费用，可以根据材料得出入库记录，将此间与物流有关的消耗量计算出来，再分别乘以单价，便可得出物流材料费。

(2) 人工费是指向相关的仓储工作人员实际支付的工资、加班费、奖金、补贴、职工福利费（如福利基金、教育培训费等）、劳动保护费。该项成本从相关会计科目中抽取即可。

(3) 物业管理费包括自来水、电、煤气、取暖等费用。严格地讲，每一个物流设施都应安装计量表直接计费。但对没有安装计量表的物流费，可以从整个企业支出的物业管理费中按物流设施的面积和物流人员的比例核算得出。

(4) 管理费。对于差旅费、邮资费等使用目的明确的费用，直接计入物流成本；对于不能直接计入的，也可按人员人数比例分摊计算。

(5) 营业外费用包括按实际使用年限核算的折旧费和企业内利息。折旧费可按设施设备的折旧年限、折旧率计算，利息可根据物流相关资产的贷款利率计算。

(6) 维修费。仓储设施设备的维修费用也应计入仓储成本。

(7) 设施设备租赁费。如果仓储设施设备是通过租赁获得的，则应将租赁费用计入仓储成本。当租赁设备维修由出租方负责时，租赁费中包含了维修的费用，因此，就不必再计算维修费用了；当租赁方不负责设备的维修时，租金中未包含维修费，此时，在租金以外，还应该计入维修费用。

（三）购进存货的成本计算

库存商品购进是指物流企业为了出售或加工后出售，通过货币结算方式取得商品或商品所有权的交易行为。

存货的形式主要有外购和内制两种途径。从理论上来说,企业无论从何种途径取得存货,凡与存货形成有关的支出,均应计入存货的成本。就一般企业来讲,其购进商品时,进价加上运输费、装卸费、保险费、包装费、仓储费、运输途中发生的合理损耗、入库前的挑选整理费等和按照规定应计入商品成本的税金以及其他费用,都应作为实际成本。

物流企业由于其特殊性,在购进商品时,按照进价和按照规定应计入商品成本的税金作为实际成本,采购过程中发生的运输费、装卸费、保险费、包装费、仓储费等费用,运输途中发生的合理损耗、入库前的挑选整理费等,直接计入当期损益。

物流企业加工的商品,以商品的进货原价、加工费用和按规定应计入成本的税金作为实际成本。

(四) 销售存货的成本计算

商品销售是指企业以现金或转账结算方式,向其他企业销售商品,以供其销售或生产消费的一种交易方式。

1. 确认销售商品收入的条件

企业销售商品时,能否确认收入,关键要看该销售是否能同时符合或满足以下 5 个条件,对于能同时符合以下 5 个条件的商品销售,应按会计准则的有关规定确认销售收入,反之则不能予以确认。

(1) 企业已将商品所有权上的主要风险和报酬全部转移给购买方。风险主要指商品由于贬值、损坏、报废等造成的损失;报酬是指商品中包含的未来经济利益,包括商品因增值以及直接使用该商品所带来的经济利益。如果一项商品发生的任何损失均不需要本企业承担,带来的经济利益也不归本企业所有,则意味着该商品所有权上的风险和报酬已经转移给买方。

判断一项商品所有权上的主要风险和报酬是否已转移给购买方,需要视不同情况而定。大多数情况下,所有权上的主要风险和主要报酬是否转移伴随着所有权凭证的转移或实物的交付而转移,如大多数零售交易。有些情况下,企业已将所有权凭证或实物交付给买方,但商品所有权上的主要风险和报酬并未转移。

(2) 企业既没有保留通常与所有权相联系的继续管理权,也没有对已售出商品实施控制。如果企业为房地产开发企业,将其尚未开发的土地卖给乙企业,合同规定由甲企业开发这片土地,开发后的土地出售后,利润由甲、乙企业按比例共同享有,这种情况属于甲企业保留了与所有权有关的继续管理权,此交易不属于销售交易,而是属于甲、乙企业共同开发土地、共同分享利润的投资交易,因而在出售土地时,不应确认收入。如某开发商将其开发的住宅小区出售给某客户并对该小区负责以后的物业管理,就属于与所有权无关的继续管理权,开发商出售商品房时,如同时符合收入确认的其他条件,就应确认收入了。

(3) 收入的金额能够可靠地计量。收入能否可靠地计量是确认收入的基本前提。企业在销售商品时,售价通常已经确定,但销售过程中由于某些不确定因素,也有可能出现售价变动的情况,则在新的售价未确定之前,即使款项已经收到,也不应确认收入,而应将其实际收到的款项作为预收账款处理。等新的售价确定后,再按预收款销售产品的有关规定,进行确认收入、补收或退回多收款项的账务处理。

(4) 相关的经济利益很可能流入企业。经济利益是指直接或间接流入企业的现金或现金等价物。在销售商品的交易中,与交易相关的经济利益即为销售商品的价款,很可能是指经济利益流入企业的可能性超过 50%。销售商品的价款能否把握收回,是收入确认的一个重要条件。企业在销售商品时,如估计价款收回的可能性不大,即使收入确认的其他条件均已满足,也不应当确认收入。

(5) 相关已发生或将发生成本能够可靠地计量。根据收入和费用相配比的原则,与同一项销售有关的收入和成本应在同一会计期间予以确认。因此,如果成本不能可靠地计量,即使其他条件均已满足,相关的收入也不能确认,如已收到价款,收到的价款应确认为一项负债。

2. 存货销货成本的计算

物流企业将商品售出以后,既要及时反映商品的销售收入,也要计算已售存货的成本,以便据以计算商品销售成果。正确计算存货发出的成本,不仅影响当期的经营损益,而且也影响期末存货价值的真实性。

实行数量进价金额核算的物流企业,商品发出的计价方法主要有以下 5 种。

(1) 个别计价法。个别计价法,又称分批实际法、个别认定法、具体辨认法。这种方法是假设存货的成本流转与实物转流相一致,按照各种存货,逐一辨认分批发出存货和期末存货所属的购进批次或生产批次,分别按其购入或生产时所确定的单位成本作为计算各批发出存货和期末存货成本的方法。其计算公式如下:

$$\frac{每次(批)发出}{存货成本} = \frac{该次(批)存货}{发出数量} \times \frac{该次(批)存货实际}{收入的单位成本}$$

采用这种方法计算发出存货的成本和期末存货的成本比较合理、准确,但这种方法的前提是需要对发出和结存存货的批次进行具体认定,以辨别其所属的收入批次,实物操作的工作量繁重,困难较大。

企业中一般不能互换使用的存货、或为特定的项目专门购入、或制造并单独存放的存货,以及购入批次少、容易识别、单位价值较高的贵重物资,采用个别计价法。这种方法在实地盘存制和永续盘存制下均可使用。

(2) 加权平均法。加权平均法也称月末一次加权平均法,指以期初存货数量和本月购进存货数量作为权数去除本月全部收货成本加上月初存货成本,计算出存货的加权平均单位成本,来确定本期存货发出成本和期末存货成本。其计算公式如下:

$$存货加权平均单价 = \frac{月初结存存货的实际成本 + 本月收入存货的实际成本}{月初结存存货的数量 + 本月收入存货的数量}$$

本月发出存货成本 = 本月发出存货数量 × 加权平均单价

月末结存存货成本 = 月结存存货数量 × 加权平均单价

考虑到计算出的加权平均单价不一定是整数,往往要在小数点后四舍五入,为了保持账面数字之间的平衡关系,一般采用倒挤成本法计算发出存货的成本。公式如下:

月末结存存货成本＝月结存存货数量×加权平均单价

本月发出存货成本＝月初结存存货成本＋本月收入存货成本－月末结存存货成本

这种方法只需在月末计算一次，比较方便。但只能在期末确定存货成本，无法随时从账面上了解存货的结存金额，不利于加强存货的日常管理。同时无论在存货价格上涨还是下跌情况下，计算出的存货成本与现行成本都有一定的差距，并且这种方法在实地盘存制下才可用。

（3）移动加权平均法。移动加权平均法是指每次存货入库后，要以新入库存货的数量加原结存存货数量作为权数，去除本次收入存货和原结存存货成本，据以计算加权平均单位成本，并以此对下一次发出存货进行计价的一种方法。其计算公式如下：

$$存货加权平均单位成本＝\frac{本次存货入库前结存的存货实际成本＋本次入库存货的实际成本}{本次存货入库前结存的存货数量＋本次入库存货的数量}$$

采用移动加权平均法，存货的计价和明细账的登记在日常进行，可以随时了解存货占用资金的动态，但日常核算工作较为繁琐。

（4）先进先出法。先进先出法是假定先购进的存货先耗用或先发出，并根据这种假定的存货流转次序对发出存货和期末存货进行计价的一种方法。先耗用或先发出的存货按先入库存货的单位成本计价，后耗用或后发出的存货按后入库存货的单位成本计价。这种计价方法的特点是期末存货的账面价值，反映最近入库存货的实际成本。

（5）后进先出法。后进先出法是以后购进的存货先发出为假定前提，对发出存货按最近收进的单价进行计价的一种方法。采用后进先出法计算的发出存货的成本接近于近期市场价格，使现时成本与现时收入得到配比，从而较合理地确认了当期收益，在物价持续上涨情况下，可以使当期材料成本升高，利润降低，延迟交纳所得税，减少通货膨胀给企业带来的不利影响，同时由于期末材料结存成本是按早期价格确定的，这样也减少了库存材料的资金占用，可以增加企业后劲，提高企业抵御风险的能力，符合稳健性原则。但这种方法有可能会造成成本虚增或虚减。并且在实地盘存制和永续盘存制下，这种方法计算的发出存货的成本不相等。但是，当期销售收入能与当期销售成本相配比，能够反映出当期经营者的经营绩效。尽管后进先出法有其不足，但在目前我国国情下，仍不失为一种较理想的方法。该方法一般适用于价格昂贵且数量较少的存货。

（五）仓储成本的计算

在明确了仓储成本的核算目的，确定了仓储成本的核算范围之后，物流企业便可根据自身的实际情况，选择适当的核算方法核算仓储成本。

一般来讲，仓储成本的计算可以采用以下几种方法。

1. 按支付形态核算仓储成本

把仓储成本分别按仓储搬运费、仓储保管费、材料消耗费、人工费、仓储管理费和仓储占用资金利息等支付形态分类，就可以核算出仓储成本的总额

$$仓储成本＝搬运费＋保管费＋消耗费＋人工费＋仓管费＋利息＋税收$$

这样可以了解花费最多的项目，从而确定仓储成本管理的重点。

这种核算方法是从月度利润表中"管理费用""财务费用""销售费用"等各个项目中,取出一定数值乘以一定的比例(物流部门比率,分别按人数平均、台数平均、面积平均、时间平均等计算出来)算出仓储部门的费用。

例: 已知某物流公司共有 70 名员工,其中物流工作人员有 21 名,公司面积为 3 077 平方米,其中物流设施面积占 1 600 平方米,2012 年 12 月按支付形态划分的仓储成本核算如表 4-1 所示。

表 4-1　　　　　　　　　某公司仓储成本核算表　　　　　　　　单位:元

项目	管理等费用	仓储成本	计算基础(%)	备注
(1) 仓储租赁费	50 040	50 040	100	金额
(2) 材料消耗费	15 092	15 092	100	金额
(3) 工资津贴费	315 668	94 700	30	人数比率
(4) 燃料动力费	6 322	3 288	52	面积比率
(5) 保险费	5 124	2 664.48	52	面积比率
(6) 修缮维护费	9 798	5 094.96	52	面积比率
(7) 仓储搬运费	14 057	7 309.64	52	面积比率
(8) 仓储保管费	19 902	10 349.04	52	面积比率
(9) 仓储管理费	9 638	4 047.96	42	仓储费比率
(10) 易耗品费	10 658	4 476.36	42	仓储费比率
(11) 资金占用利息	11 930	5 010.60	42	仓储费比率
(12) 税金等	16 553	6 952.26	42	仓储费比率
仓储成本合计	434 742	199 981.32	46	仓储费占费用总额比率

核算基准的计算公式如下:

人数比率＝(物流工作人员数/全公司人数)×100%＝(21/70)×100%＝30%

面积比率＝(物流设施面积/全公司面积)×100%＝(1 600/3 077)×100%＝52%

仓储费用比率＝((1)～(8)项的仓储成本之和/(1)～(8)项的管理等费用之和)×100%

$$=\frac{50\ 040+15\ 092+94\ 700+3\ 288+2\ 664.48+5\ 094.96+7\ 309.64+10\ 349.04}{50\ 040+15\ 092+315\ 668+6\ 322+5\ 124+9\ 798+14\ 057+19\ 902}\times 100\%$$

$$=42\%$$

2. 按仓储项目核算仓储成本

按前面所述的支付形态进行仓储成本分析,虽然可以得出总额,但还不能充分地说明仓储成本的分布情况。若想降低仓储成本,就应把这个仓储总额按照项目详细区分开来,以便掌握仓储的实际状态,了解在哪些功能环节上有浪费,以达到控制成本的目的。这就是按仓储项目计算仓储成本的方法。

与按形态核算成本的方法相比,这种方法更能进一步找出妨碍实现仓储合理化的症结。而且可以核算出标准仓储成本(单位个数、重量、容器的成本),以便确定合理化目标。

某物流公司 2013 年 12 月按功能划分的仓储成本核算如表 4-2 所示。

表 4-2　　　　　　　　　　某公司仓储成本核算表　　　　　　　　　单位:元

项　目	管理等费用	项　目				
		仓储成本	仓储保管费	仓储管理费	材料消耗费	搬运费等
(1) 仓储租赁费	50 040	50 040				
(2) 材料消耗费	15 092	4 037	6 202	2 445	2 408	
(3) 工资津贴费	315 668	1 652	219 015	45 000		50 000
(4) 燃料动力费	6 322	1 350				
(5) 保险费	5 124	2 567	2 582	25		
(6) 修缮维护费	9 798	3 704		2 390	3 704	
(7) 仓储搬运费	14 057				3 558	10 498
(8) 仓储保管费	19 902		19 902			
(9) 仓储管理费	9 638	1 496	1 496	1 496	5 152	
(10) 易耗品费	10 658				10 658	
(11) 资金占用利息	11 930	5 022	6 908			
(12) 税金等	16 553	1 666	6 908			
合计	434 742	71 534	263 013	54 978	26 830	60 498
物流成本构成	100%	16.45%	60.49%	12.64%	6.17%	13.91%

3. 按使用对象核算仓储成本

按不同功能的仓储成本计算,不但可以降低仓储成本,而且还可以分别按适用对象核算仓储成本,即分别按商品、地区、客户等的不同计算成本,由此可以分析不同的对象对仓储成本的影响。如按商品核算仓储成本就是指把按项目计算出来的仓储费,以不同的基准,分配给各类商品,以此计算仓储成本,并可以分析各类商品的盈亏。

三、学中做——仓储成本的计算

(一) 已知某物流公司共有 100 名员工,其中物流工作人员有 33 名,公司面积为 4 000 平方米,其中物流设施面积占 2 000 平方米,2012 年 12 月按支付形态划分的仓储成本核算表如表 4-3 所示。

表 4-3　　　　　　　　　某公司仓储成本核算表

项目	管理等费用 ①	仓储成本 ②	计算基础 ③=②/①×100%	备　注
(1) 仓储租赁费	115 000	115 000	100%	金额
(2) 材料消耗费	35 477	35 477	100%	金额
(3) 工资津贴费	561 260	125 722	22.4%	人数比率
(4) 燃料动力费	18 376	7 810	42.5%	面积比率

(续表)

项目	管理等费用 ①	仓储成本 ②	计算基础 ③＝②/①×100%	备 注
（5）保险费	9 850	4 807	48.8%	面积比率
（6）修缮维护费	17 403	7 866	45.2%	面积比率
（7）仓储搬运费	30 135	15 610	51.8%	面积比率
（8）仓储保管费	31 467	16 300	51.8%	面积比率
（9）仓储管理费	17 632	6 541	37.1%	仓储费比率
（10）易耗品费	18 410	6 830	37.1%	仓储费比率
（11）资金占用利息	26 545	9 848	37.1%	仓储费比率
（12）税金等	35 416	13 139	37.1%	仓储费比率
仓储成本合计	916 971	364 954	39.8%	仓储费占费用总额比率

核算基准的计算公式如下：

$$人数比率 = \frac{物流工作人员数}{全公司人数} \times 100\% = \frac{33}{100} \times 100\% = 33\%$$

$$面积比率 = \frac{物流设施面积}{全公司面积} \times 100\% = \frac{2\,000}{4\,000} \times 100\% = 50\%$$

仓储费用比率＝((1)～(8)项的仓储成本之和/(1)～(8)项的管理等费用之和)×100%

$$= \frac{115\,000+35\,477+125\,722+7\,810+4\,807+7\,866+15\,610+16\,300}{115\,000+35\,477+561\,260+18\,376+9\,850+17\,403+30\,135+31\,467} \times 100\%$$

$$= 40\%$$

（二）甲公司按先进先出法计算材料的发出成本。2013年3月1日结存A材料100千克，每千克实际成本100元。本月发生如下有关业务：

(1) 3日，购入A材料50千克，每千克实际成本105元，材料已验收入库。

(2) 5日，发出材料80千克。

(3) 12日，购入A材料70千克，每千克实际成本98元，材料已验收入库。

(4) 20日，发出A材料130千克。

(5) 25日，购入A材料80千克，每千克实际成本110元，材料已验收入库。

(6) 27日，发出A材料30千克。

要求：根据上述资料，计算A材料相关成本。

(1) 5日发出的成本。

(2) 20日发出的成本。

(3) 27日发出的成本。

(4) 期末结存的成本。

(5) 按移动加权平均法计算上题。

表 4-4　　　　　　　　　　先进先出法下的成本核算表

	买入		发出		期末余额	
	数量	单价	数量	单价	数量	单价
1					100	100
3	50	105				
5			80	100		
12	70	98				
20			20	100		
			50	105		
			60	98		
25	80	110				
27			10	98	60	110
			20	110		

表 4-5　　　　　　　　　　移动加权平均法下的成本核算

	买入			发出			期末余额		
	数量	单价	金额	数量	单价	金额	数量	单价	金额
1							100	100	10 000
3	50	105	5 250				150	101.67	15 250
5				80	101.67	8 133.33	70	101.67	7 116.67
12	70	98	6 860				140	99.83	13 976.67
20				130	99.83	12 978.33	10	99.83	998.34
25	80	110	8 800				90	108.87	9 798.34
27				30	108.87	3 266.12	60	108.87	6 532.22

任务三　管理及优化仓储成本

一、案例分析

走出传统仓储　迈向现代物流

——中储股份董事长韩铁林谈未来发展

仓储是一个传统概念，中储要转型做现代物流，但现代物流又是一个什么样的概念？中储股份给出了新的解释："中储实际上是物流地产加物流运营性质的企业。"中储股份董事长韩铁林接受记者采访时道出了中储股份所具有的综合性质。

1. 朦胧的"物流地产商"

中储股份不以土地经营为主,但是却拥有大量的土地资源。根据最新的数据测算,中储股份的物流地产总计约480万平方米,其中拥有土地使用权的超过210万平方米,其余土地虽然没有使用权,但是却是向大股东长期低价租用的土地,此次定向增发之后,中储将再获得51万平方米土地使用权。该公司新近与普洛斯公司的合作,已有意于物流地产经营。

2. "物流运营商"的扩张

韩铁林表示:"作为控股型公司,目前中储所作的业务包括物流的全过程:仓储、运输、配送、流通加工、国际货代等等。但是,公司发展的重点是整合资源,加强管理",根据相关资料,近几年,通过持续收购中储总公司的资产,中储股份逐渐从区域性企业转变成全国性企业,资产规模同步扩大,此次定向增发,公司拟收购及新建13个项目,其中控股股东中国货物储运总公司拟以资产投入的项目11个,包括位于沈阳、大连、郑州等地的6个仓储分公司。

3. 依托物流优势的业务

依托物流优势的业务是物流业务的拓展和延伸,韩铁林认为,公司目前具备足够丰富的物流资源,并且作为起步于并注册于天津的企业,特别是在滨海新区重点发展物流中心的背景下,中储能够开展更多增值服务业务。

作为起步于天津的企业,中储股份在滨海新区未来将加大投入,另一方面,作为金融改革与创新的试验田,中储股份也会把握机遇实现物流金融领域的突破。

中储股份是国内最先推出仓单质押业务的企业,目前中储系统的质押监管业务模式已实现从静态质押到动态质押,从库内质押到库外质押,从仓储单一环节的质押到供应链多环节的质押,实现了物流、商流、信息流、资金流的有机结合。2006年1~10月,仓单质押规模已经超过百亿元,较2005年翻了一番。韩铁林表示,未来公司将考虑通过控股一家财务公司或信托公司的方式进行仓单质押业务,这样中储股份将可能享受利差。而让中储仓单成为可转换的凭证,将可能是公司进一步的考虑方向。公司同时还在大力发展期货交割库的期货仓单质押。

思考:中储是如何走出传统仓储,转型做现代物流的?

二、关键知识

(一)仓储成本管理的意义

1. 为企业制定仓储经营管理计划提供依据

仓储经营管理计划是仓储企业为适应经营环境变化,通过决策程序和方案选择,对仓储经营活动的内容、方法和步骤明确化、具体化的设想和安排。在制定经营管理计划时,必须考虑自身的经营能力,仓储成本正是仓储经营能力的重要指标,因此通过仓储成本的分析,能帮助企业对不同经营方案进行比较,选择成本最低、收益最大的方案制定经营计划、开展经营活动。

2. 为仓储产品定价提供依据

仓储企业的根本目的依然是追求利润最大化。仓储企业在为社会提供仓储产品(服务)时,需要有明确的产品价格,即仓储费。从长远看,必须保证仓储费高于仓储成本,才能保证仓储企业的生存与发展。因此仓储成本是仓储费制定的主要依据。

3. 有利于加速仓储企业的现代化建设

降低仓储成本有利于推动仓储技术革新,充分挖掘仓库的潜力,为仓储设施设备改造提供依据。仓储企业要提高仓储能力和仓储效率必然要进行技术革新,改造设施和设备,但是设施设备的投入必须获得相应的产出回报,这必须在准确的成本核算和预测的基础上才能提供保证。

4. 为仓储企业的劳动管理提供依据

劳动力成本本身就是仓储成本的重要组成部分,但是劳动力成本与其他成本之间可能存在着替代关系,也可能有互补关系,因而确定劳动量使用的决定性因素是收益,以能够获得总成本最低或者总收入增加为原则确定劳动力的使用量。同时,成本因素也是劳动考核、岗位设置的依据和决定劳动报酬的参考依据。

总之,通过降低仓储成本,有利于提高仓储企业的经济效益,降低仓储生产经营中的各种浪费,同时也可以将企业的经济利益与职工的经济利益紧密地联系起来,提高企业经营者的自觉性,从而提高企业仓储经营管理水平和经济效益。

(二)影响仓储成本的因素

在物流企业中仓储成本管理是一项非常重要的工作,而仓储成本管理的核心内容是确定合理的库存量。物资库存量的多少是由许多因素决定的,如物资本身的属性,易燃、易爆、易变质的商品的库存量就小,又如时效性强的商品库存量也小。在确定物资的合理库存量时,必须分析其影响因素。影响仓储成本的因素可以分为以下4种。

1. 取得成本

主要包括采购过程中发生的各种费用总和。这些费用又可以分为随采购数量的变化而变化的变动费用和与采购数量多少关系不大的固定费用。

2. 储存成本

在企业的正常经营中,一般都应有一定的储备,有储备就会有成本费用发生。这些费用也可以分为两大类:一是与仓储物资数量多少有关的成本,如仓库设施维护修理费、物资搬运装卸费、仓库设施折旧费、仓库工作人员的工资等费用;二是与物资部门被占用的资金多少有关的成本,如储备资金的利息、相关的税金、仓储物资合理损耗成本等。

3. 缺货成本

由于各种内外部环境的变化,企业的物资仓储数量不足,发生了缺货现象,从而造成了经营损失,这种由于缺货原因造成的生产损失和其他额外支出称为缺货损失。因此,为了减少和防止缺货损失的发生,要综合考虑采购费用、储存费用等相关因素,确定最佳经济储量。

4. 运输时间

在一般情况下,物资从采购到运送至企业的仓库总是需要一定的时间,所以在物资采购时,需要将运输时间考虑在相关因素中。

总之,只有在充分分析上述影响因素后,才能确定仓储的最佳经济储量。

三、学中做——降低仓储成本的有效途径

请同学们找一家物流企业,试着分析使用下列方法可否降低该企业的仓储成本。

1. 运用 ABC 库存管理法分类管理

物流企业的库存货物种类繁多,特点不一。如果对所有库存品种都同等看待和管理,不仅不可能,而且浪费时间、人力和物力,造成仓储成本的增加。ABC 库存管理法根据库存种类数量与所占资金比重之间的关系,将库存货物划分 ABC 三类,对占资金主要部分的 A 类货物进行重点控制管理,有利于库存积压资金的节约;对 C 类货物简单管理,有利于减轻库存管理人员的工作量。对介于 A 类和 C 类货物之间的 B 类货物,采用常规管理法。这样管理库存货物,便于分门别类地进行仓储成本控制,在节约成本的同时既保证了各种库存的供应,也保证了生产经营活动的正常进行,是实践中广泛应用的库存管理方法。

2. 追求经济规模,适当集中储存

在形成一定社会总规模的前提下,追求经济规模,适当集中库存。适当集中库存是利用储存规模优势,以适当集中储存代替分散的小规模储存来实现库存合理化。在集中规模的情况下,有利于采用机械化和自动化方式;有利于形成一定批量的干线运输,成为支线运输的起始点,从而使仓储以外的运输费用降低,进而降低仓储总成本。

3. 加速周转,提高单位仓容产出

周转速度加快可以使资金周转加快、资本效益提高,可以减少货损货差,增加仓库吞吐能力,降低仓储成本等。

4. 采用"先进先出"法,缩短存货的储存期,从而减少存货的保管风险

"先进先出"是一种有效的方式,也是储存管理的重要原则之一。实现"先进先出"的有效方法有以下几种。

(1) 使用贯通式货架系统:利用货架每层的通道,从一端存入货物,从另一端取出货物,货物在通道中按先后次序排队,不会出现越位等现象。

(2) 采用"双仓法"储存:给每种货物都准备两个仓位或货位,轮换进行存取,再配以必须在一个货位中取光后才可以补充的规定,则可以保证实现"先进先出"。

(3) 使用计算机储存系统:采用计算机管理,存货时在计算机输入时间记录,取货时根据计算机的提示提取货物。计算机系统的采用不仅可以保证"先进先出",同时可以保证在采用随机利用货位的情况下准确提取货物。

5. 提高储存密度,提高仓容利用率

这一方式的主要目的是减少存储设施的投资,提高单位存储面积的利用率,以降低土地的占用,降低成本。主要方法有以下几种。

(1) 采取高垛的方法,增加储存的高度:具体方法有采用高层货架仓库、使用集装箱等,这些可以比一般的堆存方法增加储存高度。

(2) 缩小库内通道宽度,增加储存有效面积:具体方法有采用窄巷道式通道,配备轨道式装卸车辆,减少车辆运行宽度要求;采用侧叉车、推拉式叉车,减少叉车转弯

所要的宽度等。

(3) 减少库内通道数量，增加储存有效面积：具体方法有采用密集型货架，采用可进车的可卸式货架，采用不依靠通道的桥式吊车装卸技术等。

6. 采用有效的储存定位系统

储存定位的含义是指确定被储货物的位置。如果采用有效的定位系统，就能很大程度地节约寻找、存放和取出的时间，节约大量的劳动，而且还能防止出现差错、便于清点。

7. 采用有效的监测清点方式

对存货的数量和质量的监测不仅是库存管理的基本工作，也是进行科学控制库存的有效措施，在经营中不进行有效的监测就可能造成账货不符等现象，给企业造成损失。因此，经常性的监测是掌握被储存物的质量保证工作的一个重要环节。

8. 充分利用仓储技术和设备

现代技术和设备在减少差错、提高效率、提高仓库利用率、降低残损、减少人员劳动强度、防止人身伤害等方面都会为仓储企业带来直接的长远收益，如采用计算机管理技术、仓储条形码技术、现代化货架、专业作业设备、叉车、新型托盘等。

9. 盘活资产和合理使用外协

仓储设施和设备的巨大投入，只有在充分利用的情况下才能获得收益，如果不能投入使用或者只是低效率使用，只会造成成本的加大。仓储企业应及时决策，采取出租、借用、出售等方式，使这些资产盘活。

而对仓储企业不擅长运作的仓储活动，仓储企业也可充分利用社会服务，通过外协的方式，让更具有优势的其他企业提供服务，如运输、重型起吊和信息服务等，使企业充分获得市场竞争的利益。

10. 加强劳动管理

工资是仓储成本的重要组成部分，劳动力的合理使用，是控制人员工资的基本原则。我国是具有劳动力优势的国家，工资较为低廉，较多使用劳动力是合理的选择。但是对劳动力进行有效管理，避免人浮于事，出工不出力或者效率低下也是成本管理的重要方面。

11. 降低经营管理成本

经营管理成本是企业经营活动和管理活动的费用和成本支出，包括管理费、业务费、交易成本等。加强该类成本管理，减少不必要的支出，也能降低成本。当然，经营管理成本费用的支出时常不能产生直接的收益和回报，但也不能完全取消，加强管理是很有必要的。

课后习题

一、填空题

1. 从物流成本构成来看，物流成本主要由3部分组成，分别是：_____、_____、_____。

2. 仓储是伴随着_____的需要而产生的。_____是物流系统中的两大主要功能要素,被称为物流的两个支柱。

3. 存货的形式主要有_____两种途径。从理论上来说,企业无论从何种途径取得存货,凡与存货形成有关的支出,均应计入_____。

4. 适当集中库存是利用储存规模优势,以适当集中储存代替分散的小规模储存来实现库存合理化。在集中规模的情况下,有利于_____;有利于_____,从而使仓储以外的运输费用降低,进而降低仓储总成本。

5. 现代技术和设备在_____等方面都会为仓储企业带来直接的长远收益,如采用_____、_____、_____、_____、_____、_____等。

6. 采用_____是给每种货物都准备两个仓位或货位,轮换进行存取,再配以必须在一个货位中取光后才可以补充的规定,则可以保证实现"先进先出"。

二、选择题

1. 下列选项中,仓储的作用不包括( )。
   A. 仓储是保证社会再生产过程顺利进行的必要条件
   B. 仓储是企业利润的重要来源
   C. 仓储是节约流通成本的重要手段
   D. 仓储是调节供应和需求的有效手段

2. 存货销货成本的计算方法中,以下会造成成本虚增或虚减的是( )。
   A. 先进先出法　　　　　　　B. 后进先出法
   C. 一次加权平均法　　　　　D. 移动加权平均法

3. 实现货物进出仓库的"先进先出"顺序的有效方法包括( )。
   A. 使用贯通式货架系统　　　B. 采用"有序堆放"存储方式
   C. 采用"双仓法"储存　　　　D. 使用计算机储存系统

三、简答题

1. 简述仓储成本管理的意义。

2. 发生缺货成本可能产生哪些后果?

四、计算题

1. 某公司按先进先出法计算材料的发出成本。2013 年 5 月 1 日结存甲材料 150 千克,每千克实际成本 80 元。本月发生如下有关业务:

(1) 3日,购入A材料100千克,每千克实际成本95元,材料已验收入库。
(2) 5日,发出材料90千克。
(3) 12日,购入A材料50千克,每千克实际成本78元,材料已验收入库。
(4) 20日,发出A材料170千克。
(5) 25日,购入A材料90千克,每千克实际成本90元,材料已验收入库。
(6) 27日,发出A材料30千克。

要求:根据上述资料,计算A材料以下相关数据。
(1) 5日发出的成本。
(2) 20日发出的成本。
(3) 27日发出的成本。
(4) 期末结存的成本。
(5) 按移动加权平均法计算上题。

2. 已知某物流公司共有120名员工,其中物流工作人员有40名,公司面积为5 200平方米,其中物流设施面积占1 200平方米,2012年12月按支付形态划分的仓储成本核算表如表4-6所示。

表4-6　　　　　　　某公司仓储成本核算表

项目	管理等费用 ①	仓储成本 ②	计算基础 ③=②/①×100%	备注
(1) 仓储租赁费	115 000		100%	金额
(2) 材料消耗费	35 477		100%	金额
(3) 工资津贴费	561 260		22.4%	人数比率
(4) 燃料动力费	18 376		42.5%	面积比率
(5) 保险费	9 850		48.8%	面积比率
(6) 修缮维护费	17 403		45.2%	面积比率
(7) 仓储搬运费	30 135		51.8%	面积比率
(8) 仓储保管费	31 467		51.8%	面积比率
(9) 仓储管理费	17 632		37.1%	仓储费比率
(10) 易耗品费	18 410		37.1%	仓储费比率
(11) 资金占用利息	26 545		37.1%	仓储费比率
(12) 税金等	35 416		37.1%	仓储费比率
仓储成本合计	916 971		39.8%	仓储费占费用总额比率

核算基准的计算如下:
人数比率=

面积比率＝

仓储费用比率＝

项目五 核算物流运输成本

 知识目标

1. 了解物流运输成本的构成
2. 认识物流运输成本的核算流程
3. 认识物流运输成本管理的意义及方法

 技能目标

1. 能够核算物流运输成本
2. 能够分析及管理物流运输成本

任务一 认识物流运输成本的构成

一、案例分析

沃尔玛的高效物流运输

沃尔玛的年销售额曾连续3年在福布斯排名冠军,相对于汽车制造、IT、高科技电子等高利润行业,它是一个利润率极低的零售商,能连续3年第一,堪称奇迹。沃尔玛所以能够迅速增长,并且曾成为世界500强之首,这些成绩的取得与沃尔玛在节省成本以及在物流运送、配送系统方面的成就是分不开的。沃尔玛把注意力放在物流运输和配送系统方面,使其成为沃尔玛公司的焦点业务。

沃尔玛非常注重对物流业务的投入。其2003年在物流方面的投资是1 600亿美元,2004年增长到1 900亿美元,仅2004年用于物流配送中心建设的资金就高达250亿美元。沃尔玛早在

20世纪80年代初就花了7亿美元发射了一颗卫星,专门用于支持物流工作,那时的7亿美元对沃尔玛是个极大的转折,就算到现在也没有哪家零售商会发射卫星,它能通过卫星在两小时内把全球商场内的货物全部盘点一次,沃尔玛公司的新任CEO就来自物流部门,由此可见物流和配送在公司中的重要性。

同时,与市场所流行的物流外包业务不同,沃尔玛有着自己独立的运输车队。这样一来就能够保证沃尔玛的物流部门实行全天候的运作,而且是每天24小时、每周7天的运作。众所周知,沃尔玛经营的产品非常多,因此运输车队对物流的支持是非常必要的,要确保商店所需的商品不断地流向沃尔玛的商店,这样物流就没有任何停止的时间。在整个物流过程当中,最昂贵的就是沃尔玛运输这部分。同时,沃尔玛采用一种尽可能大的卡车,比一般集装箱运输卡车更长或者更高,以装载尽可能多的商品。沃尔玛车队的司机在美国各个州之间的高速公路上运行,车中的每立方米都填得满满的,这样非常有助于沃尔玛节省成本。

沃尔玛在注重车辆管理的同时还注重对员工的管理,沃尔玛的车队大约有5 000名非司机员工,还有3 700多名司机。沃尔玛采用全球定位系统,来对车辆进行定位。因此,在任何时候,调度中心都可以知道这些车辆在什么地方,离商店还有多远,同时他们也可以了解到某个产品运输到了什么地方,还有多长时间才能运到商店,沃尔玛对事件的把握可以精确到小时。调度中心知道卡车在哪里,产品在哪里,就可以提高整个系统的效率。

那么,沃尔玛在运输方面有一些什么样的战略和策略呢?第一,提高实载率,沃尔玛把卡车都装得非常满;第二,注重时间管理,一些商场,只在白天开门,但是物流部门却是24小时地在进行工作。在配送中心,沃尔玛也和这些供货商都定好时间,按照运行的时间表来进行。沃尔玛对时间进行管理,就可以节省时间、提高效率。

思考:在以上案例中,哪些与物流运输相关的成本需要计入运输环节的成本核算项目?

通过以上案例,我们不难发现在物流企业的运输活动中,以下费用是伴随着物流活动发生而发生的,因此需要归入物流运输的成本项目核算:

(1) 运输工人的人工费用,如驾驶员的工资、奖金、津贴、福利费等。

(2) 运输调度中心的营业管理费用,如能源消耗费用、设施设备折旧费、保险费、办公费、差旅费等;以及经营过程中的合理消耗,如商品损耗等。

(3) 财务费用,如为了购买运输工具而向银行贷款所需支付的贷款利息、手续费、资金的占用费等。

(4) 运输过程中所消耗的耗材费用,如运输工具运行所消耗的燃料,汽车的配件消耗等。

(5) 物流运输信息费,如GPS硬件的采购费用、软件维护费用等。

沃尔玛之所以能够有效降低物流成本是从多个维度出发,有效利用技术、合理安排时间、提高运营效率来实现物流运输成本的大幅削减。综上所述,现代商业中物流配送能力是极为重要的一个核心竞争力,而物流活动中的运输成本已经成为商业服务成本中举足轻重的一项支出。因此,我们需要了解物流运输成本概念、构成,掌握物流运输成本的核算并研究如何有效降低物流运输成本,来提高物流活动的效率。

二、关键知识

（一）物流运输成本的概念

物流运输是指用设备和工具,将物品从一地点向另一点进行空间转移的物流活动。当产品从一个地方转移到另一个地方而价值增加时,运输就创造了产品价值。

（二）物流运输成本的构成

对于不同的企业而言,其所需核算的物流运输成本可能各不相同,但总的来说,物流运输成本由以下6项构成。

（1）物流运输过程的研究设计、重构和优化等费用。

（2）物流运输过程中的物质消耗,如车辆等固定资产的磨损,包装材料、电力、燃料消耗等。

（3）物资在运输过程中的合理损耗。

（4）用于保证物流运输顺畅的资金成本,如支付为购买车辆、飞机和船舶而向银行贷款的利息等。

（5）在物流运输的过程中发生的其他费用,如进行有关物流运输调度的各种办公费用等。

（6）从事物流运输工作的人员工资及各种形式的补贴等。

在这些费用中,有的可以与运输活动直接相关联,比如:运输的燃料费与运输里程和货物的重量有着比较强的线性关系;有的却和运输商品数量和运输商品里程没有直接的关联,比如物流运输调度中心的建设费、管理设备的折旧费等。而另外有些人为损耗费用也将计入运输成本中。不论成本和业务量的关系如何,在进行运输成本归集汇总的时候,我们需要将相应会计凭据全部收集完成,避免运输成本因为归集不完整而被低估。

（三）影响物流运输成本的因素

我们在生活中一定有这样的经验,在寄送快递的时候,影响快递费用的因素有很多。比如快递商品的重量,快递距离的远近以及快递物品的体积等都会成为左右快递费用的因素。那么,在实际物流活动中亦是如此,物流运输成本的高低是由多元因素所共同导致的,参见图 5-1。

1. **运输距离对于物流成本的影响**

运输距离一般与运输的燃料费用、司机工资以及固定资产的磨损呈正相关。可以想象运输货物的距离越远,所要消耗的相关燃料费用越多,需要支付的司机工资越高,且固定资产的损耗也越多——我们称这种情况为变动成本。然而,固定成本并不随运输里程数的增多而增多,反而随着运输里程数的增多,单位里程的固定成本在下降,比如建设调度中心所投入的成本。一般地,单位运输距离的成本随着运输距离的增加而减少。因此,企业在进行运输活

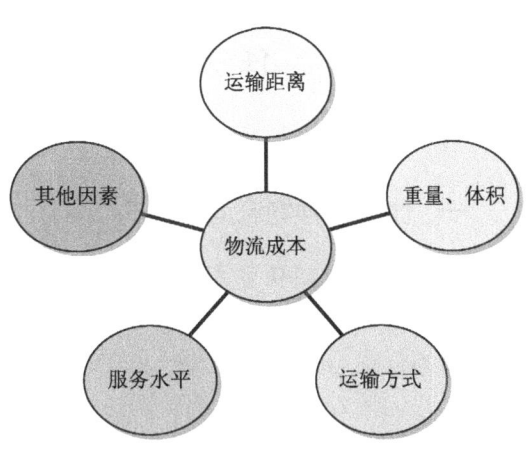

图 5-1 影响物流运输成本的因素

动的时候,应延长长距离干线运输,缩短短距离支线终端运输,以提高运输效率。

2. **运输重量、体积对于物流成本的影响**

运输的重量和体积对于物流成本的影响在于燃料消耗及固定资产的损耗,同时可能影响的还有运输工具的选择。比如,过去在运输家具的时候,由于家具体积较大,因此不得不利用大容量卡车来运输。然而,现在的家具运输由于采用了可拆卸技术,可以大大减少在运输过程中的所占体积,因此可以用小一点的货车来运输家具。一般而言,在运输过程中,应尽可能减轻运输重量,缩小运输体积以降低物流运输成本。

3. **物流运输方式对于物流成本的影响**

当运输的物品太过庞大或者太过沉重,公路运输无法完成时,不得不选择铁路运输及海洋运输,而后者的运输成本会远远高于公路运输。然而,由于单位里程数所耗费的燃料、人工要远高于公路运输,因此对于铁路运输与海运运输而言,只有达到规模效应后才能降低单位运输成本。

4. **物流服务水平对于物流成本的影响**

物流服务水平的高低直接影响着客户的体验。比如,一些物流公司提出的"定日达"或"当日送"概念就是一种提高物流运输服务的增值服务,为客户提供了及时性的保障。当然,要提高物流服务水平,必然会增加物流成本。不管是在前期的物流信息系统的建设上,还是在物流运输的过程中,可能都要投入比一般物流活动更多的人力、物力才能为客户带来及时、高效和令人满意的服务。

5. **其他因素对于物流成本的影响**

其他影响物流成本的因素是一些隐性的因素。例如产品的安全可靠性,如果产品在运输途中受到了损坏,那么即使再准时、高效地将产品运送到客户手中也是无效运输。同样的,在物流运输过程中,标准化的集装箱运输要比非标准化运输效率提高不少,从而能够有效降低运输成本和时间消耗。

任务二　核算物流运输成本

一、比较各种物流运输方式

1. 各种物流运输方式简介

根据运输方式的不同及其特点,我们依据运输方式的不同将运输成本核算方式大致分为公路运输、铁路运输、水运运输、空运运输及管道运输成本核算。下面我们就对这些运输方式略作介绍。

(1) 公路运输。公路运输一般采用汽车运输。随着我国公路网络体系逐渐成熟及骨干高速公路的快速建设,公路运输的效率也在快速提高。通过公路运输可以实现"门到门"的短距离以及小运能的快速物流运输活动。

(2) 铁路运输。铁路运输采用的是列车运输的方式。列车的运载量大,速度快,阻碍少,能够将大量的商品快速地进行远距离的运输。然而,铁路运输的灵活性较差,需要配合其他运输手段完成联运。

(3) 水运运输。水运运输分为海运和河道运输两类,其运输工具主要是各类船舶。由于海洋上的阻碍因素较少,因此能够完成大容量、远距离的商品运输。目前,我国主要的水运是以海运为主,河道运输为辅的格局。而标准的集装箱海运能够承担大量、长距离的运输任务。虽然海运运输耗时比较长,不确定因素较多,但是海运能够克服陆运无法通达的问题,且能够解决空运的高运价问题。

(4) 空运运输。空运的主要工具是飞机或其他航空器。通过空运,能够快速地将商品送到全球各地。然而,运输量小、价格高一直是航空运输最大的问题。目前,空运主要用于高价值、小体积的商品运输。

(5) 管道运输。管道运输的特点是通过组建长距离的运输管道来输送液体或气体的物质。比如,目前世界上常用的石油管道和天然气管道。管道运输前期建设投入较大,而后期基本上只需要维护费用就能够满足商品的流通需要。

2. 各种物流运输成本的特点及比较

对于各种不同的运输方式,每一种都有自己的运输特点和成本优势。在对每种方式的运输成本进行分析和比较的时候,我们主要通过两个角度去考察。其一是每种运输方式所需要的先期投入,即不随运输量变化而变化的固定成本。其二是随着运输量发生变化而变化的每千米每单位变动成本。

(1) 公路运输成本。公路运输成本中,主要的成本来自运输过程中产生的燃油费、司机工资及养路费等。这些都构成了公路运输成本的可变成本。而车辆折旧及其他辅助成本在运输成本中占的比例不大。

(2) 铁路运输成本。铁路运输成本中,主要的成本来自单位里程的动力成本,其中包括燃料动力成本和司机工资等。然而,铁路前期的基础设施建设需要耗费一定的投入,这部分投入将分摊到每单位的商品物流成本中去。

(3) 水路运输成本。水路运输是依靠船舶进行货物的港口转运。在水路运输成本中,除了燃油成本和港口装卸成本外,最为主要的成本构成就是船舶本身的折旧费和融资购买的利息支出。因此,在水路运输中,固定成本的支出占有相当显著的地位。

(4) 航空运输成本。航空运输成本是所有运输中最高昂的。由于航空器本身的经济效益比较低,因此其单位运输成本很高。同时,飞机本身的购买成本或者融资租赁成本及机场建设的费用会推高航空运输成本。

(5) 管道运输成本。管道运输基本上不需要很多动力就能推动商品的定向流动。管道运输能够 24 小时连续不断地运输,同时管理方便,效率极高。然而,管道运输在前期需要投入较高的固定成本去铺设相应的管道网及监控站。

我们将物流运输成本性态总结如表 5-1 所示。

表 5-1　　　　　　　各种物流运输成本性态表

运输方式	公路运输	铁路运输	水路运输	航空运输	管道运输
固定成本	低	较低	适中	高	高
变动成本	较低	低	低	高	低
总成本	低	低	较低	高	适中

二、物流运输成本核算

由于不同物流运输方法的成本特性,不同的物流运输方法,其成本构成方式是有比较大的区别的。在此,我们将关注的重点放在一般运输企业上,重点研究一下一般运输企业的公路运输核算方法。

运输企业成本核算的主要特点是依据其本身的企业性质所决定的。因此,存在如下的一些特征。

(1) 成本核算内容划分多样化。在确定核算方式上,如果依照内容来划分可以有多种核算方法。比如,按照客运、货运来划分;按照不同的运营线路来划分;按照不同运输产品来划分等。因此,在确定核算方式

上,要依据管理的需求,合理分配成本到对象中去。

(2) 成本计算方法较为简单。在物流运输成本核算中,由于不存在在产品,因此无需在期末分摊在产品成本与产成品成本。一般在核算过程中,只需要将三个成本项目:直接人工,直接材料和制造费用汇总就形成了核算对象的物流运输总成本。

(3) 基本步骤与一般物流成本核算一致。基本核算步骤如图 5-2 所示。

图 5-2 物流成本核算步骤

三、做中学——物流成本核算

某运输公司经营客、货两种运输业务,该公司拥有客车 10 辆,卡车 5 辆。其他营运数据如表 5-2 至 5-6 所示。要求分别核算客车成本和卡车成本。

步骤一:材料、燃料费用归集与分配

表 5-2　　　　　材料、燃料费用归集与分配表　　　　　单位:元

| 燃料:2 700 | 消耗材料:3 300 | 轮胎摊销费用:1 500 |

直接材料

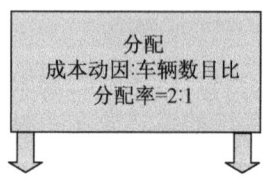

客　　运	货　　运
燃料=1 800	燃料=900
消耗材料=2 200	消耗材料=1 100
轮胎摊销费用=1 000	轮胎摊销费用=500
总计=5 000	总计=2 500

小提示:理解成本动因是正确划分成本到成本核算对象的关键。在本环节,由于燃料等消耗品的耗用与车辆数目直接相关——车辆数目多,则耗用油费、轮胎就多。因此,按照一定的比例进行燃料及消耗品的分配是合理的。

步骤二:人工成本归集与分配

表 5-3　　　　　　人工成本归集与分配表　　　　　　单位:元

项目	工资	福利费
运输支出	36 000	5 040

(续表)

项目	工资	福利费

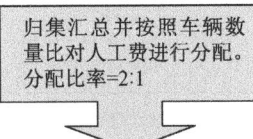

归集汇总并按照车辆数量比对人工费进行分配。分配比率=2:1

客　　运	货　　运
工资=24 000	工资=12 000
福利费=3 360	福利费=1 680
总计=27 360	总计=13 680

步骤三：制造费用归集与分配

表5-4　　　　　　　　　　　制造费用归集与分配表　　　　　　　　　　　单位：元

项目	折旧费	修理费用	其他费用
运输支出	4 500	1 800	450

由于折旧费、修理费和其他费用与运输服务没有直接关联，因此作为制造费用归集汇总，然后进行分配。分配率与人工费分配率一致。分配率=2:1

客　　运	货　　运
折旧费=3 000	折旧费=1 500
修理费=1 200	修理费=600
其他费用=300	其他费用=150
总计=4 500	总计=2 250

步骤四：编制客运与货运的计算表

表5-5　　　　　　　　　　　客运计算表(10辆)

成本项目	总成本(元)	单位成本(元/车)
材料费	5 000	500
人工费	27 360	2 736
制造费用	4 500	450
总　计	36 860	3 686

表 5-6　　　　　　　　　　　货运计算表(5 辆)

成本项目	总成本(元)	单位成本(元/车)
材料费	2 500	500
人工费	13 680	2 736
制造费用	2 250	450
总　计	18 430	3 686

小提示：这里所得到的客运与货运的单位成本一致是因为 3 个成本项目采用了通用的分配比率所导致的。如果其中有一个分配比率不一致,比如人工费采用工时作为分配标准,那么得出的结果就不一定一样了。

任务三　管理及优化物流运输成本

一、物流运输成本的控制

物流运输成本已经成为整个物流成本中占据最大显性比例的部分,因此企业对这部分成本非常重视。然而,影响运输成本的因素是多样化、综合性的,这就要求对运输成本的分析要采用系统性的观点,从前期规划开始就要为以后的运输实施着想,努力从各个环节,各个员工,甚至各个细节上来努力降低成本。在控制物流运输成本的过程中,我们需要从多个角度来实施联合的措施。

（一）加强基础设施建设

1. 发展综合运输体系

所谓综合运输体系是指各种运输方式接口的有效联合。如何将企业内部物流运输体系同社会化的运输体系相配套,在空间上和时间上进行无缝对接,是现代企业面临着的一个问题。同时,大规模的标准化生产过程和标准化的流程体系也为企业发展综合运输体系奠定了一定的基础。比如,目前多见的陆海联运,江海联运等都是多种物流工具的综合运用,多层次、多方式的联运构建起了综合运输体系。

2. 运用现代化的物流信息系统实现成本控制

现代信息技术能够帮助物流运输活动收集、处理、传播、共享有效的物流信息。通过将运输管理系统与其他管理信息系统实现有效对接,将能够实时监控运输环节作业并且促使物流业务处理准确、迅速。同时,物流信息技术的发展可以为物流服务客户提供其所需的信息资源并实时共享。利用物流信息技术,物流企业能够应对可能发生的各种需求,及时调整运输计划,避免无效作业,减少作业环节,消除操作延迟,从而在整体上控制物流运输无效成本发生的可能性。

（二）选择合理的运输工具和运输方式

1. 合理选择运输工具

在选择运输工具的时候，最为重要的是根据不同货物的特点以及客户对物流时效的要求，选择合适的运输工具。在尽可能满足客户要求的前提下，以最为廉价高效的方式完成运输任务。

2. 合理选择运输方式

在选择运输方式上，要合理组织多式联运和拼箱业务来降低变动成本。同时，要利用规模效应来分摊固定成本。比如，扩大每次运输批量，减少运输次数，抑或是采用合装整车运输等。

3. 提高运输工具技术装载量

在运输的过程中，需要尽可能地提高每次运输的效率。比如：改进商品包装、改善车辆的装载技术和装载方法，对不同货物进行搭配运输或组装运输等方法，最大限度利用运输工具的装载吨位，充分使用装载容积，提高运输工具的使用效率。

（三）合理选择运输路线，科学选择运输网络

1. 优化运输路线

在通常情况下，单位商品的运输成本与运输距离成正比。为此，数学中有专门一门运筹学课程研究最优化路线的问题。由此可见，选择一条合理的运输路线能够为企业节省不少物流成本。

2. 科学设计运输网络，实现优化运输

在设计主干运输网络、节点仓库和支线配送时，需要考虑最优化线路的问题。在编制运输网络时，需要事先对市场情况及线路进行预估，同时需要根据不断变化的市场环境进行后期的分析和调整。

3. 提高运输工具实载率

在安排运输任务时，需要尽量减少车船空驶和不满载行驶的时间，减少浪费，从而求得运输的合理化。在组织运输时，要对运输活动及涉及的其他环节进行科学规划，统筹安排。

（四）加强物流运输管理和操作人才的培养和考核

1. 提高企业物流运输管理水平与核算水平

物流运输成本核算方法的落后往往是无法提高物流运输成本管理的重要原因。因此，需要结合不断改进的物流核算方法以及不断发展的物流成本管理理念，更新管理技术和手段，提高企业运输管理水平，树立物流战略成本管理的理念，持续降低物流运输成本水平。

2. 增强全员的物流成本意识

对运输成本的控制涉及企业的方方面面，比如物流部门的实施，设计部门的规划以及生产部门的安排等。物流运输需要整个物流功能环节及所涉及的各个部门、所有人员的共同配合，所以，只有做到人人关心成本管理，全员参与成本控制，才能从整个企业层面上来降低物流运输成本和物流总成本。

3. 强化运输人员的考核

企业的管理永远都离不开人,而企业对于人员的管理最有效的方式就是考核。对于运输人员的考核更多的是要求运输人员积极参与到成本管理控制中来,而非硬性地去评判运输人员的好与坏。因此,应当允许运输人员参与到管理目标的制定中来,共同努力降低企业运输成本。

二、案例分析

百胜物流降低运费的举措

对于连锁餐饮业而言,其原料价格相差不大,物流成本始终是企业成本竞争的焦点。据有关资料显示,在一家连锁餐饮企业的总体配送成本中,运输成本占到60%左右,而运输成本中的55%~60%又是可以控制的。因此,降低物流成本应当紧紧围绕运输这个核心环节。

(一)合理安排运输排程

运输排程的意义在于,尽量使车辆满载,只要货量许可,就应该做相应的调整,以减少总行驶里程。为此,可以制定一个类似列车时刻表的主班表来对连锁餐饮餐厅的进货时间和路线详细规划制定的。

运输排程的构想最初起源于运筹学中的最短路线原理,其最简单的模型如:从起点A到终点B有多条路径可供选择,每条路径的长度各不相同,要求找到最短的路线。虽然这一问题在实际中并非轻而易举可以解决,但是借助现代化的大数据处理手段和先进的管理软件,还是能够规划出一些相对合理的配送线路。

在主班表确定以后,就要进入每日运输排程,也就是每天审视各条路线的实际运货量,根据实际运货量对配送路线进行安排、调整。通过对所有路线逐一进行安排,可以去除那些不太合理的若干条送货路线,这样一来,至少可减少某些路线的行驶里程,最终达到增加车辆利用率、提高司机工作效率和降低总行驶里程的目的。

(二)减少不必要的运输

对于产品保鲜要求很高的连锁餐饮业来说,尽力和餐厅沟通以减少不必要的运输频率,可以有效地降低物流运输成本。

在运输方面,餐厅所在路线的总货量不会发生变化,但配送频率上升则会导致运输里程的上升,相应的油耗、过路桥费、维护保养费和司机人工时都要上升。在客户服务方面,如餐厅下订单的次数增加,单据处理作业增加的同时,办公用品(纸、笔、电脑耗材等)的消耗也会增加。在仓储方面,所要花费的拣货、装货的人工会增加。如果短保质期物料的进货频率增加,那么连仓储收货的人工也会增加。在库存管理方面,如果短保质期物料进货频率增加,由于进货批量减少,进货运费很可能会上升,处理的厂商订单及后续的单据作业数量也会上升。

由此可见,配送频率增加会影响配送中心的几乎所有职能,最大的影响在于运输里程上升所造成的运费上升。因此,减少不必要的配送,对于连锁餐饮企业显得尤其关键。

（三）提高车辆的利用率

车辆时间利用率也是值得关注的，提高卡车的时间利用率可以从增大卡车尺寸、改变作业班次、二次出车和增加每周运行天数4个方面着手。

由于大型卡车可以每次装载更多的货物，一次出车可以配送更多的餐厅，由此延长了卡车的在途时间，从而增加了其有效作业的时间。这样做还能减少干线运输里程和总运输里程。虽然大型卡车单次的过路桥费、油耗和维修保养费高于小型卡车，但其总体上的使用费用会低于小型卡车。

运输成本是最大项的物流成本，所有其他物流职能都应该配合运输作业的需求。所谓改变作业班次就是指改变仓库和其他物流职能的作业时间，以适应实际的运输需求，提高运输资产的利用率。否则朝九晚五的作业时间表只会限制发车和收货时间，从而限制卡车的使用效率。

（四）改变配送时间和配送效率

目前许多城市的交通运输限制越来越严，卡车只能在夜间时段进入市区。由于连锁餐厅运作一般到夜间24点结束，如果赶在餐厅下班前送货，车辆的利用率势必非常有限。随之而来的解决办法就是利用餐厅的歇业时间送货，同时要求物流人员提高送货效率。

歇业时间送货避开了城市交通高峰时段，既没有交通拥挤的干扰，也没有餐厅运营的影响。由于餐厅一般处在繁华路段，夜间停车也不用像白天那样有许多顾忌，可以有充裕的时间进行配送。由于送货窗口拓宽到了下半夜，卡车可以二次出车，提高了车辆利用率。当然，提高物流人员的工作水平和管理意识，尽可能缩短物流过程中的无谓损耗，提高配送效率也是非常有必要的。

分析：

在百胜物流的案例中，我们可以看到物流成本决定了企业的成本率的高低。因此，努力降低成本已经成为企业在激烈市场竞争环境中必须面对并积极应对的一个问题。

在案例中，百胜物流主要从合理选择运输工具和运输线路着手来降低自己的物流成本。通过合理化运输线路、配送时间、物流工具及配送次数，百胜物流克服了传统物流配送中所面临的规模不经济的问题。

同时，在案例中我们还能发现，百胜公司利用先进的信息化高科技手段进行物流运输规划来提高物流运输效率的尝试。利用现代化的管理理念和科学的计算方法能够为企业在不确定的市场环境中尽可能地找到最优的解决方案。

最后，不可忽视的是对于物流人员素质的要求。在百胜物流中，我们发现与传统的物流配送人员不同，这些物流人员不得不在深夜上班以提高物流运输效率。这就要求这些物流人员要理解企业降低物流成本的理念，积极参与到全员成本控制的管理模式中来。

因此，降低物流运输成本必须从多个维度共同着手，从多个技术环节来进行合理的规划和考量。这样才能有效降低运输成本，为企业发展提供具有竞争力的基础。

课后习题

一、填空题

1. 物流运输是指用设备和工具,将物品从一地点向另一点进行_____的物流活动。

2. 影响物流运输成本的主要因素有_____、_____、_____、_____和_____。

3. 管道运输的特点是通过_____来输送_____。

4. 在对每种物流运输方式的运输成本进行分析和比较的时候,我们主要是通过_____,即固定成本;以及_____的分析来进行的。

二、选择题

1. 在物流运输成本的核算中,以下方式中单位质量成本最高的是(   )。
   A. 管道运输   B. 航空运输   C. 水运运输   D. 公路运输

2. 在本章百胜物流的案例中,以下不是重要的降低成本的方式有(   )。
   A. 合理规划运输线路   B. 提高及时配送率
   C. 提高车辆利用率   D. 减少不需要的配送安排

3. 合理选择运输路线需要做到(   )。
   A. 尽量减少运输车次   B. 合理规划运输线路和排程
   C. 选择合理的运输工具   D. 确定最短线路作为运输线路

4. 下列举措不能加强物流运输管理和操作人才的培养和考核的是(   )。
   A. 提高企业物流运输管理水平与核算水平
   B. 增强全员的物流成本意识
   C. 招聘高学历物流运输人才
   D. 强化运输人员的考核

三、简答题

1. 简述物流运输成本的构成内容。

2. 简析各种物流运输方式的成本特性。

3. 简述如何选择合理的运输工具和运输方式来降低物流运输成本。

四、计算题

某运输公司经营公路运输与铁路运输两种运输业务。根据题意,分别计算公路运输成本和铁路运输成本,并将结果填列到相应表格中。

表 5-7　　　　　　　　　　　直接运输费用归集与分配　　　　　　　　　　单位:元

直接运输费用:20 000	消耗材料:5 000

直接运输费用合计:	

根据运输产品的里程数计算直接运输费用分配率:
公路运输里程数 100 千米;铁路运输里程数 400 千米

公路运输	铁路运输
直接运输费用=	直接运输费用=
消耗材料=	消耗材料=
总计=	总计=

表 5-8　　　　　　　　　　　人工成本归集与分配　　　　　　　　　　　单位:元

工资:25 000	福利费:5 000

直接人工费用合计:	

根据运输产品的里程数计算直接运输费用分配率:
公路运输里程数 100 千米;铁路运输里程数 400 千米

公路运输	铁路运输
工资=	工资=
福利费=	福利费=
总计=	总计=

表 5-9　　　　　　　　　　　制造费用归集与分配　　　　　　　　　　　单位:元

项目	折旧费	修理费用	其他费用
运输支出	3 200	1 800	500

根据直接人工的费用配比计算制造费用分配率:

客　　　运	货　　　运
折旧费=	折旧费=
修理费=	修理费=
其他费用=	其他费用=
总计=	总计=

编制公路运输与铁路运输的计算单:

表 5-10　　　　　　　　　　　　公路计算单　　　　　　　　　　　　单位:元

成本项目	总成本
材料费	
人工费	
制造费用	
总　　计	

表 5-11　　　　　　　　　　　　铁路运输计算单　　　　　　　　　　　单位:元

成本项目	总成本
材料费	
人工费	
制造费用	
总　　计	

项目六　配送成本的核算与管理

知识目标

1. 了解物流配送成本的构成
2. 认识物流配送成本的核算流程
3. 认识物流配送成本管理的意义及方法

技能目标

1. 能够核算物流配送成本
2. 能够分析及管理物流配送成本

任务一　认识配送成本的构成

一、案例分析

连锁零售业缺货的出路实践——物流配送

罗兰·贝格与中国连锁经营协会在 2003 年 9 月对国内 3 个城市 5 家连锁零售企业的 12 家大卖场进行调查,结果显示中国连锁超市每年因商品的缺货造成 830 亿元的损失。

一、配送问题是造成损失的主要原因

(1) 零售商和供应商缺乏协作和信任是导致商品缺货的重要因素。
(2) 运营和采购之间的沟通不畅是导致缺货的关键因素。
(3) 供应商的物流和配送订单交付服务质量不高也使得商品缺货率较高。
(4) 零售商配送中心的运营能力尚不成熟成为供应链的瓶颈。

二、连锁零售业配送模式

由于连锁零售企业的快速扩张、布点以及其特有的产品经营策略,呈现了商品的多品种、小批量、高配送频率、多配送点、快速配送的局面,使整个物流活动更加复杂。

根据相关统计和专家分析,目前连锁零售企业主要有4种配送模式。

1. 建立自己的物流配送中心

2001年,在连锁零售企业中,有92家建立了自己的配送中心。由于自己建配送中心普遍存在信息化和机械化程度低的问题,且建立一个高效的物流配送中心投资非常大。这给企业的流通资金带来巨大的压力。目前其配送能力扩展的速度往往跟不上企业规模扩大的速度。为解决这个问题,上海华联将配送中心独立出来,开展第三方物流业务。

2. 直接请供应商配送

供应商直接配送的前提是该企业销售量大。在这种方式下,连锁企业将成本转嫁给供应商,容易造成二者矛盾,特别是供应商的利润不足以弥补自己的物流成本时,双方的合作有可能破裂。

3. 与供应商建立共同配送中心

共同配送中心是指零售商委托某一特定供应商统一在某一地区建立配送中心。共同配送中心实际上适应了供应商与零售连锁间联系加强的趋势,实现了供应链的整合。

4. 委托第三方物流进行配送

应用这种方式的制造商较多。产品通过第三方物流公司送到零售连锁商的配送中心或区域中心。第三方物流可以实现对物流配送环节的专业化管理,可以节约连锁企业的经营成本。目前我国零售行业采用第三方物流已有明显上升趋势。

连锁经营要求的高效率、低成本的配送服务,适合第三方物流服务的性质,连锁企业引入第三方物流将会是较理想的选择。

通过与第三方物流建立有效的信息管理系统,实现流程再造及单品管理,可大大减轻配货工作量,缩短配货时间,压缩配货成本,寻求压缩库存和降低商品缺货率的最佳点,最终实现生产、物流、销售(即产、供、销)一体化,双方可以达到双赢的目的。

思考:

(1) 从阅读资料来看,直接因物流配送导致连锁零售企业缺货有几个方面的因素?

(2) 物流配送已经成为连锁企业降低连锁零售业缺货的关键所在吗?

(3) 为什么说第三方物流将会是连锁企业较理想的选择?

二、关键知识

(一) 配送的概念

配送是指在经济合理区域范围内,根据客户要求,对物品进行拣选、加工、包装、分割、组配等作业,并按时送达指定地点的物流活动。配送是物流中一种特殊的、综合的活动形式,是商流与物流的紧密结合,包含了商流活动和物流活动,也包含了物流中若干功能要素的一种形式。

可以对配送归纳出以下几个特点:

(1) 这个概念描述了接近用户资源配置的全过程。

(2) 配送的实质是送货,是一种"中转"形式。但配货和一般送货有一定的区别:一般送货可以是一种偶然的行为,而配送却是固定的形态,甚至是一种有确定组织的确定渠道,有一套装备和管理力量、技术力量,有一套制度的体制形式。所以,配送是一种高水平的送货形式。

(3) 配送是"配"和"送"有机结合的形式。配送利用有效的分拣、配货等理货工作,使送货达到一定的规模,以利用规模优势取得较低的送货成本。在运送货物过程中,如果不进行分拣、配货,有一件运一件,需要一点送一点,就会大大增加动力的消耗,使送货并不优于取货。所以,追求整个配送的优势,分拣和配货等项工作是必不可少的。

(4) 配送以用户要求为出发点。定义中强调了"按用户订货要求",明确了用户的主导地位。配送是从用户的利益出发,按用户的要求进行的一种活动,因此,必须做到"用户第一""质量第一"。配送企业的地位是服务地位而不是主导地位,应从用户利益出发,在满足用户利益基础上取得本企业的利益。更重要的是,不能利用配送损伤或控制用户。

(5) 概念中提出"以最合理的方式",目的是为了避免过分强调"按用户要求"。对于配送者来讲,必须以"要求"为据,但是不能盲目,应该追求合理性,进而指导用户,实现共同受益的商业原则。

(二) 配送的类型

1. 按配送主体分类

(1) 配送中心配送。配送活动的作业场所是专职的配送中心,这种配送中心专业性强,和客户有固定的配送关系,一般规模都比较大,实行计划配送。配送中心配送是配送的重要形式。

(2) 仓库配送。仓库配送是以仓库为据点的配送形式,是在保持仓库仓储功能的基础上向外扩展业务范围形成的。和配送中心相比,仓库配送的配送规模较小,配送的专业性较差。

2. 按配送方式分类

(1) 定时配送。定时配送是指按规定时间间隔进行配送,每次配送的品种及数量可以按照计划执行,也可以在配送之前以商定的联络方式(如电话、计算机终端输入等)通知配送的品种及数量。

(2) 定量配送。定量配送是指按照规定的批量,在一个指定的时间范围内进行配送,这种配送方式数量固定,备货工作较为简单,配送效率较高。

(3) 定时定量配送。定时定量配送是按照所规定的时间和配送数量进行配送。这种方式兼有定时、定量两种配送方式的优点,是一种精益的物流配送方式。

(4) 定时定路线配送。定时定路线配送是指在规定的运行路线上,制定配送车辆到达的时间表,按运行时间表进行配送。

(5) 即时配送。即时配送是指完全按照用户突然提出的时间和数量随即进行配送的方式。

3. 共同配送

共同配送是为提高物流效率，对许多企业一起进行配送的配送方式。其实质是相同或不同类型的企业联合配送。

另外，还可以按加工程度的不同，将配送分为加工配送和集疏配送等。

（三）配送的构成

1. 集货

集货，即将分散的或小批量的物品集中起来，以便进行运输、配送的作业。

集货是配送的重要环节，为了满足特定客户的配送要求，有时需要把从几家甚至数十家供应商处预订的物品集中，并将要求的物品分配到指定容器和场所。

集货是配送的准备工作或基础工作，配送的优势之一，就是可以集中客户一定规模的货物。

2. 分拣

分拣是将物品按品种、出入库先后顺序进行分门别类堆放的作业。

分拣是配送不同于其他物流形式的功能要素，也是配送成败的一项重要支持性工作。它是完善送货、支持送货准备性工作，是不同配送企业在送货时进行竞争和提高自身经济效益的必然延伸。所以，也可以说分拣是送货向高级形式发展的必然要求。有了分拣，就会大大提高送货服务水平。

3. 配货

配货是使用各种拣选取设备和传输装置，将存放的物品，按客户要求分拣出来，配备齐全，送入指定发货地点。

4. 配装

在单个客户配送数量不能达到车辆的有效运载负荷时，就存在如何集中不同客户的配送货物，进行搭配装载以充分利用运能、运力的问题，这就需要配装。跟一般送货不同之处在于，通过配装送货可以大大提高送货水平及降低送货成本，所以配装也是配送系统中有现代特点的功能要素，也是现代配送不同于以往送货的重要区别之一。

5. 运输

运输中的末端运输、支线运输和一般运输形态的主要区别在于：配送运输是较短距离、较小规模、额度较高的运输形式，一般使用汽车做运输工具。与干线运输的另一个区别是，配送运输的路线选择问题是一般干线运输所没有的，干线运输的干线是唯一的运输线，而配送运输由于配送客户多，一般城市交通路线又较复杂，如何组合成最佳路线，如何使配装和路线有效搭配等，是配送运输的特点，也是难度较大的工作。

6. 送达服务

将配好的货运输到客户还不算配送工作的结束，这是因为送达货物和客户接货往往还会出现不协调，使配送前功尽弃。因此，要圆满地实现货物的移交，并有效地、方便地处理相关手续并完成结算，还应讲究卸货地点、卸货方式等。送达服务也是配送独具的特殊性。

7. 加工

配送加工是按照配送客户的要求所进行的流通加工。

在配送中,配送加工这一功能要素不具有普遍性,但往往是有重要作用的功能要素。这是因为通过配送加工,可以大大提高客户的满意程度。配送加工是流通加工的一种,但配送加工有它不同于流通加工的特点,即配送加工一般只取决于客户要求,其加工的目的较为单一。

(四)配送成本的构成

配送成本是指在配送活动的各环节所发生的各项费用总和,是配送过程中所消耗的各种活劳动和物化劳动的货币表现。配送活动需要资本和劳动的投入,这些资本和劳动的投入就成为配送的成本。

配送成本主要由备货、存储和送货3个环节所发生的费用组成,配送作为一个整体活动,有着共同的成本支出,但每个环节都有各自的成本构成。根据配送流程及配送环节,配送成本实际由配送运输费用、储存保管费用、分拣费用、配装及流通加工费用等全过程中各环节的总成本组成。

1. 配送成本的分类

总的来说,配送成本包括以下费用支出:资本成本分摊、支付利息、员工工资福利、行政办公费用、商务交易费用、自有车辆设备运行费、保险费或者残损风险、工具及耗损材料费、分拣装卸搬运作业费、车辆租赁费等。以上各项成本可以分为固定成本和变动成本两大类。

(1)固定成本。固定成本是指短期内必须支出,不随配送量的变化而发生变化的成本,即只要开展配送经营,就必须支出的成本,如资本成本分摊、固定员工工资和行政办公费用等。虽然说固定成本与配送经营量没有直接的关系,但是配送量增大时,分配到每单位配送量的固定成本降低;理论上说只有一单位配送量时,固定成本就需要完全由该一单位配送量来承担。固定成本是由企业规模、经营方式和资金成本所决定的。

(2)变动成本。变动成本是指随配送量的变化而发生变化的成本,如商务交易费、送货费、租赁费、装卸搬运作业费和保险费等。在没有经营时,没有变动成本支出。每增加一单位配送量所增加的成本,称为边际成本,即边际成本就是单位变动成本。变动成本主要由劳动力成本、固定资产的运行成本和社会资源的使用成本组成。

变动成本和固定成本会因为经营方式的不同发生转化。如自购车辆配送时,购车成本为固定成本;而采用租车运输时,使用车辆的租金成为了变动成本。

2. 配送流程及配送各项环节的具体成本构成

根据配送流程及配送环节,配送成本实际由配送运输费用、储存保管费用、分拣费用、配装及流通加工费用等全过程中各环节的总成本组成。

(1)配送运输费用。配送运输费用是指配送车辆在完成配送货物的过程中所发生的各种车辆费用(营运直接费用)和营运间接费用。车辆费用包括工资和福利费、燃料费、轮胎费、修理费、折旧费、养路费、事故费和其他运营费;营运间接费用指营运过程中发生的不能直接计入各成本对象的站、队经费,但不包括管理费用。

(2) 储存保管费用。储存保管费用是指货物在储存保管过程中所发生的费用。储存保管费用指货物在经济活动过程中所消耗的物化劳动和活劳动的货币表现。主要由仓储费、进出库费、代运费、机修费、验收费、代办费,装卸费和管理费组成。

3. 分拣费用

分拣费用包括分拣人工费用和分拣设备费用。分拣人工费用指从事分拣工作的作业人员及有关人员的工资、奖金和补贴等费用的总和。分拣设备费用指分拣机械设备的折旧费及修理费。

4. 配装费用

配装费用包括配装材料费及辅助费用、配装人工费、配装机械费用、配装技术费。配装材料费及辅助费用:常用的配装材料有木材、纸、金属和塑料等,包装过程中耗用的辅助材料包括标牌和标签等。配装人工费:从事配装工作的工人及有关人员的工资总额及所计提的福利费总和。配装机械费用:主要是包装机械的折旧费和维修费。配装技术费:如缓冲包装技术费、防震包装技术费、防潮及防锈包装技术费等。

5. 流通加工费用

流通加工费用包括流通加工材料费用、流通加工人工费用和流通加工制造费用(主要指流通加工设备费用)。

三、学中做——配送成本核算流程

(1) 变动成本和固定成本会因为经营方式的不同发生转化吗?例如,自行车辆配送时,购车成本是固定成本吗?而采用租车运输时,使用车辆的租金是变动成本还是固定成本呢?

变动成本和固定成本会因为经营方式的不同发生转化。如自购车辆配送时,购车成本为固定成本;而采用租车运输时,使用车辆的租金成了变动成本。

(2) 与同学结伴一起去所在地区参观一个物流配送企业。看一看有哪些物流配送活动?问一问有什么费用发生?试区分一下这些费用是变动成本还是固定成本。

任务二 核算配送成本

一、范例

已知某企业2013年9月的配送运输成本为120 000元,储存保管成本为80 000元,分拣成本为21 000元,配装成本为30 000元,流通加工成本为50 000元,计算该企业的配送总成本。

分析：

配送成本＝配送运输成本＋储存保管成本＋分拣成本＋配装成本＋流通加工成本
＝120 000＋80 000＋21 000＋30 000＋50 000＝301 000(元)

二、关键知识

（一）分拣成本核算

分拣成本是指分拣机械及人工在完成货物分拣过程中所发生的各种费用。

1. 分拣直接费用

（1）工资。工资是指按规定支付给分拣作业工人的标准工资、奖金和津贴等。

（2）职工福利费。职工福利费是指按规定的工资总额和提取标准计提的职工福利费。

（3）修理费。修理费是指分拣机械进行保养和修理所发生的工料费用。

（4）折旧。折旧是指分拣机械按规定计提的折旧费。

（5）其他。包括不属于以上各项但应计入成本的其他费用。

2. 分拣间接费用

分拣间接费用是指配送分拣管理部门为管理和组织分拣生产，需要由分拣成本负担的各项管理费用和业务费用。

上述分拣直接费用和分拣间接费用则构成了配送环节的分拣成本。

3. 分拣成本的核算方法

配送环节分拣成本的计算方法，是指分拣过程所发生的费用，按照规定的成本核算对象和成本项目，计入分拣成本的方法。

$$\text{分拣成本} = \text{分拣直接费用} + \text{分拣间接费用} = \sum \text{分拣成本项目核算期发生成本}$$

（1）工资及职工福利费的核算。根据"工资分配汇总表"和"职工福利费计算表"中分配的金额计入分拣成本。

（2）修理费的核算。辅助生产部门对分拣机械进行保养和修理的费用，根据"辅助生产费用分配表"中分配的分拣成本金额计入成本。

（3）折旧的核算。根据"固定资产折旧计算表"中按照分拣机械提取的折旧金额计入成本。

（4）其他费用的核算。根据"低值易耗品发出凭证汇总表"中分拣成本领用的金额计入成本。

（5）分拣间接费用的核算。根据"配送制造费用分配表"计入分拣成本。

物流配送企业月末应编制配送分拣成本核算表，以反映配送分拣总成本。

分拣总成本是指成本核算期内成本核算对象的成本总额，即各个成本项目金额之和。

（二）配装成本核算

配装费用是指在完成配装货物过程中所发生的各种费用。

1. 直接配装费用的核算

(1) 工资包括按规定支付给配装作业工人的标准工资、奖金和津贴等。

(2) 职工福利费包括按规定的工资总额和提取标准计提的职工福利费。

(3) 材料包括配装过程中消耗的各种材料,如木材、纸、金属和塑料等。

(4) 辅助材料包括配装过程中消耗的辅助材料,如标志和标签等。

(5) 其他包括不属于以上各项的费用,如配装工人的劳保用品等。

2. 间接配装费用的核算

间接配装费用是指配送配装管理部门为管理和组织配装生产,需要由配装成本负担的各项管理费用和业务费用。

3. 配装成本的核算

配送环节配装成本的核算方法,是指配装过程中所发生的费用,按照规定的成本核算对象和成本项目,计入配装成本的方法。

$$配装成本 = 配装直接费用 + 配装间接费用 = \sum 配装成本项目核算期发生成本$$

(1) 工资及职工福利费。根据"工资分配汇总表"和"职工福利费"中分配的配装成本的金额计入成本。

计入成本中的直接人工费用,是根据当期"工资结算汇总表"和"职工福利费计算表"来确定的。

(2) 材料费用。根据"材料发出凭证汇总表""领料单"及"领料登记表"等原始凭证,配装成本耗用的金额计入成本。

(3) 辅助材料费用。根据"材料发出凭证表"和"领料单"中的金额计入成本。

(4) 其他费用。根据"材料发出凭证汇总表"和"低值易耗品发出凭证"中配装成本领用的金额计入成本。

(5) 配装间接费用。根据"配装制造费用分配表"中的金额计入配装成本。

(三) 流通加工成本核算

1. 流通加工成本的项目及归集

(1) 流通加工材料费用。流通加工材料费用是指流通加工过程中消耗的直接材料、辅助材料、燃料和动力等。其中材料和燃料费用数额根据全部领料凭证汇总编制"耗用材料汇总表"确定,具体数额由材料消耗数量和材料消耗价格决定。

(2) 流通加工人工费用。流通加工工人费用是指直接进行生产的工人的工资总额(含计时工资、计件工资、奖金、补贴等)和按工资总额提取的职工福利费。根据当期的"工资结算汇总表"和"职工福利费计算表"来确定。

(3) 流通加工制造费用。制造费用是通过设置"制造费用"明细账,按照费用发生的地点来归集的。通过编制"折旧费用计算汇总表"得出各生产单位的折旧费,再依次得出流通加工部门的折旧费用。修理费用一般计入当月的成本中,一次发生的费用数额较大时,可分期计入制造费用。

(4) 流通加工费用。流通加工费用在完工产品和在产品之间的分配。在流通加工过程中存在完工产品和在产品。因而流通加工费用在计算期末也要在它们之间分配,其分配方法与传统生产过程中生产成本在完工产品和在产品间分配方法类似,如不计算月末在产品法、约当产量法和月末在产品定额成本法等。

2. **流通加工总成本和单位成本的核算**

配送环节的流通加工总成本是指成本核算期内成本核算对象的成本总额,即各成本项目金额之和。单位成本则为总成本除以期末完工产品的数量。

物流配送企业月末应编制流通加工成本核算表,以反映配送总成本和单位成本。

三、学中做——物流成本核算流程

(一)某物流配送分拣中心 2014 年 8 月份分拣成本的计算如表 6-1 至表 6-6 所示。

表 6-1　　　　　　　　工资福利分配表(按工人工时分配)　　　　　单位:元

	工人工时	分配率	分配工资	分配福利
货物甲	135	0.56	6 750	945
货物乙	108	0.44	5 400	756
合计	243		12 150	1 701

表 6-2　　　　　　　辅助生产费用分配表(按产品维修率分配)　　　　单位:元

	维修率	分配辅助生产费用
货物甲	0.53	2 550
货物乙	0.47	2 235
合计		4 785

表 6-3　　　　　　　　固定资产折旧计算表(使用直线法计提)　　　　　单位:元

	资产原值	资产残值	使用年限	年折旧额	月折旧费
货物甲	188 848	10 000	8	22 356	1 863
货物乙	94 640	5 000	5	17 928	1 494
合计					3 357

表 6-4　　　　　　　　　低值易耗品发出汇总表　　　　　　　　单位:元

	发出数量	单价	发出金额
货物甲	4 640	0.15	696
货物乙	4 260	0.15	639
合计	8 900		1 335

表 6-5　　　　　　　　　　　配送制造费用分配表　　　　　　　　单位:元

	分拣工时	分配率	分配工资
货物甲	135	0.56	2 698
货物乙	108	0.44	2 120
合计	243		4 818

表 6-6　　　　　　　　　　　　分拣中心总成本表

编制单位:　　　　　　　　　　　2014 年 8 月份　　　　　　　　　　　单位:元

项目	计算依据	合计	分拣品种	
			货物甲	货物乙
一、分拣直接费用				
工资	工资分配汇总表	12 150	6 750	5 400
福利费	职工福利费计算表	1 701	945	756
修理费	辅助生产费用分配表	4 785	2 550	2 235
折旧	固定资产折旧计算表	3 357	1 863	1 494
其他	低值易耗品发出汇总表	1 335	696	639
二、分拣间接费用	配送制造费用分配表	4 818	2 550	2 268
分拣中心总成本	合计	28 146	15 354	12 792

分拣中心总成本＝分拣直接费用＋分拣间接费用

＝12 150＋1 701＋4 785＋3 357＋1 335＋4 818

＝28 146(元)

(二)某物流配装中心,2011 年 4 月配装成本计算如表 6-7 所示。

表 6-7　　　　　　　　　　　　配装中心总成本表

编制单位:　　　　　　　　　　　2011 年 4 月份　　　　　　　　　　　单位:元

项目	计算依据	合计	分拣品种	
			货物甲	货物乙
一、配装直接费用				
工资	工资分配汇总表	11 150	5 750	5 400
福利费	职工福利费计算表	1 711	955	756
修理费	辅助生产费用分配表	5 785	3 550	2 235
折旧	固定资产折旧计算表	3 358	1 863	1 495
其他	低值易耗品发出汇总表	2 345	1 696	649
二、配装间接费用	配送制造费用分配表	4 818	2 698	2 120
配装中心总成本	合计	29 167	16 512	12 655

配装中心总成本＝配装直接费用＋配装间接费用

＝11 150＋1 711＋5 785＋3 358＋2 345＋4 818

＝29 167(元)

(三) 某流通物流加工企业的加工车间,对甲产品进行流通加工,其工艺过程为单步骤流水线加工,原材料一次投入。2014年12月份甲产品完工400件,月末在产品50件,在产品完工程度为50%。月初在产品材料费10 000元,人工费9 450元,制造费用4 050元。本月发生的材料费50 000元,人工费34 200元,制造费用15 300元。该企业采用品种法核算流通加工成本;采用约当产量法分配完工产品和月末在产品加工成本。则该企业流通加工成本核算如表6-8所示。

表6-8　　　　　　　　　某企业加工成本核算表

编制单位:某流通物流加工企业　　　　2014年12月份　　　　　　　单位:元

成本项目	月初在产品	本月费用	成本费用合计	分配率	完工产品加工成本	月末在产品加工成本
材料费	10 000	50 000	60 000	133.33	53 333.33	6 666.67
人工费	9 450	34 200	43 650	102.71	41 084	2 566
制造费用	4 050	15 300	19 350	45.53	18 212	1 138
合计	23 500	99 500	123 000	281.57	112 629.33	10 370.67

约当产量法计算公式如下:

在产品约当产量＝在产品数量×完工百分比

$$某项费用分配率＝\frac{该项费用总额}{完工产品产量＋在产品约当产量}$$

完工产品该项费用＝完工产品产量×该项费用分配率

在产品该项费用＝该项费用总额－完工产品该项费用

在本题中:

(1) 材料费用分配率＝$\frac{60\,000}{400+50\times100\%}$＝133.33(元/件)

　　流通加工完工成本材料费用＝400×133.33＝53 333.33(元)

　　月末在产品成本材料费用＝60 000－53 333.33＝6 666.67(元)

(2) 人工费用分配率＝$\frac{43\,650}{400+50\times50\%}$＝102.71(元/件)

　　流通加工完工成本流通费用＝400×102.71＝41 084(元)

　　月末在产品成本人工费用＝43 650－41 084＝2 566(件)

(3) 制造费用分配率＝$\frac{19\,350}{400+50\times50\%}$＝45.53(元/件)

　　流通加工成本制造费用＝400×4 553＝18 212(元)

　　月末在产品成本制造费用＝19 350－18 212＝1 138(元)

(4) 流通加工总成本＝53 333.33＋41 084＋18 212＝112 629.33(元)

　　流通加工单位成本＝$\frac{112\,629.33}{400}$＝281.57(元/件)

任务三　管理及优化配送成本

一、范例

"7-11"的物流配送系统

"7-11"是世界上最知名、最大的连锁便利店,在全球20多个国家拥有2.1万家左右的连锁店。研究"7-11"的成功历史就会发现,和其他成功的连锁零售业一样,"7-11"背后也有一个完善的配送系统来支撑其正常运转。"7-11"从一开始采用的就是在特定区域高密度集中开店的策略,在物流管理上也采用集中的物流配送方案,这一方案每年大概能为"7-11"节约相当于商品原价10%的费用。

一间普通的"7-11"连锁店一般只有100~200平方米大小,却要提供2 000~3 000种食品,不同的食品来自众多供应商,运送和保存的要求也各有不同,每一种食品不能短缺或过剩,而且还要根据顾客的不同需要随时能调整货物的品种,种种要求给连锁店的物流配送提出了较高的要求。如何来运作和管理便利店的这种物流配送系统,就成为便利店是否成功的关键。

"7-11"便利连锁店的物流管理模式先后经历了3个发展阶段。

最初阶段,"7-11"并没有设立自己的专业配送中心,它的货物配送依靠批发商来完成,批发商直接将商店所订的货物送入便利店。第二阶段,随着"7-11"连锁业务的迅速拓展,这种分散化的由各个批发商分别送货的方式无法再满足规模日渐扩大的"7-11"便利店的需要。"7-11"开始和批发商及合作供应商构建统一的集约化的配送和进货系统。在这种系统之下,"7-11"改变了以往由多家批发商分别向各个便利店送货的方式,改由一家在一定区域内的特定批发商统一管理该区域内的同类供应商,然后向"7-11"统一配货,这种方式称为集约化配送。集约化配送有效地降低了批发商的数量,减少了配送环节,为"7-11"节省了物流费用。第三阶段,"7-11"创立了自己的配送中心,代替了特定批发商,分别在不同的区域统一集货、统一配送。配送中心有一个电脑网络配送系统,分别与生产商及"7-11"店铺相连。为了保证不断货,配送中心一般会根据以往的经验保留4天左右的库存,同时,中心的电脑系统每天都会定期收到各个店铺发来的库存报告和要货报告,配送中心把这些报告集中分析,最后形成一张张向不同供应商发出的订单,由电脑网络传给供应商,而供应商则会在预定时间之内向中心派送货物。"7-11"配送中心在收到所有货物后,对各个店铺所需要的货物分别打包,等待发送。第二天一早,派送车就会择路向自己区域内的店铺送货。整个配送过程就这样每天循环往复,为"7-11"连锁店的顺利运行打下了坚实的基础。

配送中心的优点还在于"7-11"从批发商手上夺回了配送的主动权,"7-11"能随时掌握在途商品、库存货物等数据,对财务信息和供应商的其他信息也能及时掌握。有了自己的配送中心,供应商原来让给批发商的利润空间就有可能成为"7-11"价格谈判的筹码,同时集中式采购也为价格谈判创造了条件。

随着店铺的扩大和商品的增多,"7-11"的物流配送越来越复杂,配送时间和配送种类的细分势在必行。如"7-11"对食品的分类是:冷冻型(-20℃),如冰淇淋等;微冷型(5℃),如牛奶、生菜等;恒温型,如罐头、饮料等;暖温型(20℃),如面包、饭食等。不同类型的食品会用不同的方法和设备配送,如各种保温车和冷藏车。由于冷藏车在上下货时经常开关门,容易引起车厢温度的变化和冷藏食品的变质,"7-11"还专门用一种两仓式货运车来解决这个问题,一个仓中温度的变化不会影响到另一个仓,需冷藏的食品就始终能在需要的低温下配送了。

除了配送设备,不同食品对配送时间和频率也会有不同要求。对于有特殊要求的食品如冰淇淋,"7-11"会绕过配送中心,由配送车早中晚三次直接从供应商门口拉到各个店铺。对于一般的商品,"7-11"实行的是一日三次的配送制度,早上3时到7时配送前一天晚上生产的一般食品,早上8时到11时配送前一天晚上生产的特殊食品如牛奶,新鲜蔬菜也属于其中,下午3时到下午6时配送当天上午生产的食品,这样一日三次的配送频率在保证了商店不缺货的同时,也保证了食品的新鲜度。为了确保各店铺供货的万无一失,配送中心还有一个特别配送制度来和一日三次的配送相搭配。每个店铺都会随时碰到一些特殊情况造成缺货,这时只要向配送中心打电话告急,配送中心就会用安全库存对店铺紧急配送,如果安全库存也已告罄,中心就转而向供应商紧急要货,并且在第一时间送到缺货的店铺手中。

思考:
(1)"7-11"为什么要创立自己的配送中心?
(2)食品配送中心应该如何实现食品配送的合理化?

二、关键知识

(一)配送不合理的表现

1. 资源筹措不合理

配送是利用较大批量筹措资源,通过筹措资源的规模效益来降低资源筹措成本,使配送资源筹措成本低于用户自己筹措资源的成本,从而取得优势。如果不是集中多个用户需要进行批量筹措资源,而仅仅是为某一两户代购代筹,对用户来讲,就不仅不能降低资源筹措费,相反却要多支付一笔配送企业的代筹代办费,因而是不合理的。

2. 库存决策不合理

配送应充分利用集中库存总量低于各用户分散库存总量,从而大大节约社会财富,同时降低用户实际平均分摊库存负担。因此,配送企业必须依靠科学管理来实现一个低总量的库存,否则就会出现单纯库存转移,而未解决库存降低的不合理问题。

3. 价格不合理

总的来讲，配送的价格应低于不实行配送时和用户自己进货时的价格，产品购买价格加上自己提货、运输、进货之成本总和，这样才会使用户有利可图。有时，由于配送有较高服务水平，价格稍高，用户也是可以接受的，但这不是普遍的原则。如果配送价格普遍高于用户自己的进货价格，损伤了用户利益，就是一种不合理表现。价格制定过低，使配送企业处于无利或亏损状态下运行，会损伤销售者，也是不合理的。

4. 配送与直达决策不合理

一般的配送总是增加了环节，但是这个环节的增加，可降低用户平均库存水平，不但抵消了增加环节的支出，而且还能取得剩余效益。但是如果用户使用批量大，可以直接通过社会物流系统均衡批量进货，较之通过配送中转送货可能更节约费用。所以，在这种情况下，不直接进货而通过配送，就属于不合理范畴。

5. 送货过程中运输不合理

配送与用户自提相比，尤其对于多个小用户来讲，可以集中配装一车送几家，这比一家一户自提大大节省运力和运费。如果不能利用这一优势，仍然是一户一送，车辆达不到满载，就属于不合理。

此外，不合理运输的若干表现形式，在配送中都可能出现会使配送变得不合理。

6. 经营观念不合理

在配送实施中，有许多是经营观念不合理，使配送优势无从发挥，损坏了配送的形象，这是在准备开展配送时，尤其需要注意克服的不合理现象。例如，配送企业利用配送手段，向用户转嫁资金和库存困难：在库存过大时，强迫用户接货，以缓解自己库存压力；在资金紧张时，长期占用用户资金；在资源紧张时，将用户委托资源挪作他用获利等。

以上几种不合理的配送形式都会增加配送的成本费用，会使配送企业成为丧失原本领先的竞争优势，所以对配送成本的控制要有系统的观点。

（二）配送成本的控制方法

1. 加强配送的计划性

在配送活动中，临时配送、紧急配送或无计划的随时配送都会大幅度增加配送成本，因为这些配送会降低车辆使用效率。为了加强配送的计划性，需要建立客户的配送计划申报制度。在实际配送过程中，应针对商品的特性，制定不同的配送计划和配送制度。

2. 确定合理的配送路线

采用科学的方法确定合理的配送路线，可以有效提高配送效率，降低配送费用。确定配送路线的方法很多，既可以采用方案评价法进行定性分析，也可以采用数学模型进行定量分析。无论采用何种方法，都必须考虑以下条件。

（1）满足所有客户对商品品种、规格和数量的要求。

（2）满足所有客户对货物发到时间的要求。

（3）各配送路线的商品量不得超过车辆容积及载重量。

（4）在交通管理部门允许通行的时间内送货。

(5) 在配送中心现有运力及可支配运力的范围之内配送。

3. 提高配送运输设备的利用率

运输设施的投资较大,如果利用率不高,固定成本分摊过大,就会造成配送运输成本的增加。物流企业除了自己购置一部分运输设备外,还应通过租赁运输设备来调节业务量的不平衡,这些都有利于提高配送运输设备的利用率。

4. 加强网络建设,形成稳定平衡的配送运输体系

物流企业可以建立自己的物流网络,也可以和同行合作建立。前者投资大,运行费用高,但易控制;后者投资少,运行费用低,但协调成本高。物流企业应该根据自己的具体情况进行选择,以求成本最小。

5. 量力而行建立自动管理系统

在配送活动中,分拣、配货占全部活动的 60%,而且容易发生错误。如果在拣货配货中运用自动管理系统,应用条形码技术,就可以使拣货快速、准确,配货简单、高效,从而提高配送效率。

(三) 配送成本控制的策略

从宏观上来看,物流配送的策略比具体的实施方法更为重要。一般而言,配送管理就是在配送的 2 个目标——满足一定的顾客服务水平与配送成本之间寻求平衡。在企业运营中,我们可以选择在一定的配送成本下尽量提高顾客服务水平,或者选择在一定的顾客服务水平下使配送成本最小。下面着重介绍在一定的顾客服务水平下使配送成本最小的 5 种策略。

1. 混合策略

混合策略是指配送业务一部分由企业自身完成。采用混合策略,合理安排企业自身完成的配送和外包给第三方物流完成的配送,能使配送成本最低。例如,美国一家干货生产企业为满足遍及全美的 1 000 家连锁店的配送需要,建造了 6 座仓库,并拥有自己的车队。随着经营的发展,企业决定扩大配送系统,计划在芝加哥投资 700 万美元再建一座新仓库,并配以新型的物料处理系统。该计划提交董事会讨论时,却发现这样不仅成本较高,而且就算仓库建起来也还是满足不了需要。于是,企业把目光投向租赁公共仓库,结果发现,如果企业在附近租用公共仓库,增加一些必要的设备,再加上原有的仓储设施,企业所需的仓储空间就足够了,总投资只需 20 万美元的设备购置费,10 万美元的外包运费,加上租金,也远没有 700 万美元之多。

2. 差异化策略

差异化策略的指导思想是:产品特征不同,顾客服务水平也不同。当企业拥有多种产品线时,不能对所有产品都按同一标准的顾客服务水平来配送,而应按产品的特点和销售水平,来设置不同的库存、不同的运输方式及不同的储存地点,忽视产品的差异性会增加不必要的配送成本。例如,一家生产化学品添加剂的公司,为降低成本,按各种产品的销售量比重进行分类:A 类产品的销售量占总销售量的 70%以上,B 类产品占 20%左右,C 类产品则为 10%左右。对 A 类产品,公司在各销售网点都备有库存,B 类产品只在地区分销中心备有库存而在各销售网点不备有库存,C 类产品连地区分销中心都不设库存,仅在工厂的仓库才有存货。经过一段时间的运行,事

实证明这种方法是成功的,企业总的配送成本下降了20%之多。

3. 合并策略

合并策略包含两个层次,一是配送方法上的合并;另一个则是共同配送。

配送方法上的合并是指企业在安排车辆完成配送任务时,充分利用车辆的容积和载重量,做到满载满装。实行合理的轻重配装、容积大小不同的货物搭配装车,不但可以在载重方面达到满载,而且也能充分利用车辆的有效容积,取得最优效果。

共同配送是一种产权层次上的共享,也称集中协作配送。它是几个企业联合集小量为大量,共同利用同一配送设施的配送方式,其标准运作形式是:在中心机构的统一指挥和调度下,各配送主体以经营活动(或以资产为纽带)联合行动,在较大的地域内协调运作,共同对某一个或某几个客户提供系列化的配送服务。不仅可减少企业的配送费用,配送能力得到互补,而且有利于缓和城市交通拥挤,提高配送车辆的利用率。

4. 延迟策略

延迟策略的基本思想就是对产品的外观、形状及其生产、组装、配送应尽可能推迟到接到顾客订单后再确定。一旦接到订单就要快速反应。美国一家生产金枪鱼罐头的企业就通过采用延迟策略改变配送方式,降低了库存水平。历史上这家企业为提高市场占有率曾针对不同的市场设计了几种标签,产品生产出来后运到各地的分销仓库储存起来。由于顾客偏好不一,几种品牌的同一产品经常出现某种品牌因畅销而缺货,而另一些品牌却滞销压仓。为了解决这个问题,该企业改变以往的做法,在产品出厂时都不贴标签就运到各分销中心储存,当接到各销售网点的具体订货要求后,才按各网点指定的品牌标志贴上相应的标签,这样就有效地解决了此缺彼多的矛盾,从而降低了库存。

5. 标准化策略

标准化策略是指尽量减少因品种多变而导致附加配送成本,尽可能多地采用标准零部件、模块化产品。如服装制造商按统一规格生产服装,直到顾客购买时才按顾客的身材调整尺寸大小。采用标准化策略要求厂家从产品设计开始就要站在消费者的立场去考虑怎样节省配送成本,而不要等到产品定型生产出来了才考虑采用什么技巧降低配送成本。

三、案例分析

瓦轴实行物流配送体系控制成本

在瓦轴(瓦房店轴承厂),轴承加工时间仅占轴承制造过程的10%,而物流时间要占到90%。为此,公司成立了物流管理办公室,建立现代物流管理系统,通过业务流程再造,实现物流的数量、质量、时间、成本的有效控制。

1. 发展瓦轴物流产业建立物流配送体系

为实现企业物流向深层次发展,物流部利用瓦轴网站,采用公开招标方式进行汽车长途运输招标,实现了运输价格市场化,长途运输价格比去年降低了10%。公路上常常会见到写着"瓦轴物流快运"标志的运输车,它负责按照销售订单随时将产品送达用户。目前已实行配送服务的有长汽、鞍钢、铁道部各车辆段等大客户及瓦轴驻外的 25 个中转库。在上海、济南、重庆、武汉、北京等 7 个大城市建立物流配送服务中心。上海物流配送中心的配送服务覆盖整个华东地区,客户只要提出需求,可在 24 小时内及时配送。物流配送服务中心的成立,标志着瓦轴能够以最低的物资成本、最快捷的服务、最大限度地满足客户个性化的需求。瓦轴物流服务的触角正在有计划、有步骤地向全国延伸,以实现与用户的零距离,更好地满足用户需求。

2. 强化物流现场管理全面提升企业管理水平

现场管理是物流管理的一个重要方面。目前瓦轴生产现场的所有在制品、搬运车、集装箱、塑料盒等都按规定的要求整齐地摆放在规定区内,横看成行、竖看成线、干净整洁。在机床周围的在制品、搬运车等工位器具摆放整齐、朝向一致。生产现场的在制品规定区有明显的标牌标识。待加工的在制品也按规定进行产品标识,填写规范,完整放在容易看清楚、方向统一的位置,废弃标识不准乱扔、乱放。对在制品的摆放也有严格的要求,在制品摆放要整齐,不准超高。地板上摆放的在制品高度不得超过 1.5 米,摆放在无箱式搬运车或工作案上的在制品高度不得超过 0.8 米(新厂房不得超过 0.6 米)。磨加工以后的在制品摆放时,要垛底垫隔地板,并实行防潮、防锈措施。

由于强化了物流管理,提高了瓦轴对市场的快速反应能力,提升了企业形象,赢得了用户称赞,为瓦轴扩大市场创造了良好的条件。

思考:从瓦轴实行物流配送体系控制成本案例中得到哪些启示?

 课后习题

一、填空题

1. 配送成本包括以下费用支出:_____、_____、_____、_____、_____、_____、_____、_____、_____、_____等。以上各项成本可以分为_____和_____两大类。

2. 配送运输费用是指配送车辆在完成配送货物的过程中,所发生的费用包括_____和_____。

3. 储存保管费用指货物在经济活动过程中所消耗的_____。

二、名词解释

1. 配送中心配送

2. 仓库配送

3. 定时配送

4. 定量配送

5. 定时定量配送

6. 定时定路线配送

7. 即时配送

三、简答题

1. 配送过程中配送不合理的表现有哪些？

2. 配送成本的控制方法有哪些？

3. 配送成本的控制策略有哪些？

四、计算题

1. 已知，某企业 2011 年 4 月的配送运输成本为 210 000 元，储存保管成本为 60 000 元，分拣成本为 25 000 元，配装成本为 19 000 元，流通加工成本为 56 000 元，计算该企业的配送总成本。

2. 某物流配送分拣中心 2014 年 12 月相关数据如表 6-9 至表 6-14 所示，请根据已知条件将表格内未知项目填写完毕。

表 6-9　　　　　　　　工资福利分配表（按工人工时分配）　　　　　　单位：元

	工人工时	分配率	分配工资	分配福利
货物甲	140 小时			
货物乙	112 小时			
合计			12 150	1 701

表 6-10　　　　　　　　辅助生产费用分配表(按产品维修率分配)　　　　　单位:元

	维修率	分配辅助生产费用资
货物甲	0.46	
货物乙	0.54	
合计		4 785

表 6-11　　　　　　　　　固定资产折旧计算表(使用直线法计提)　　　　　　单位:元

	资产原值	资产残值	使用年限	年折旧额	月折旧费
货物甲	208 848	12 000	10 年		
货物乙	54 640	8 000	5 年		
合计					

表 6-12　　　　　　　　　　　低值易耗品发出汇总表　　　　　　　　　　　单位:元

	发出数量	单价	发出金额
货物甲	5 740 件	0.15	
货物乙	5 160 件	0.15	
合计			

表 6-13　　　　　　　　　　　配送制造费用分配表　　　　　　　　　　　　单位:元

	分拣工时	分配率	分配工资
货物甲	135 小时		
货物乙	108 小时		
合计			4 818

表 6-14　　　　　　　　　　　某企业分拣中心成本表

编制单位:　　　　　　　　　　　　2014 年 12 月份　　　　　　　　　　　　单位:元

项目	计算依据	合计	分拣品种	
			货物甲	货物乙
一、分拣直接费用				
工资	工资分配汇总表			
福利费	职工福利费计算表			
修理费	辅助生产费用分配表			
折旧	固定资产折旧计算表			
其他	低值易耗品发出汇总表			
二、分拣间接费用	配送制造费用分配表			
分拣中心总成本	合计			

分拣中心总成本＝

3. 某流通物流加工企业的加工车间,对甲产品进行流通加工,其工艺过程为单步骤流水线加工,原材料一次性投入。2014年12月份甲产品完工500件,月末在产品80件,在产品完工程度为50%。月初在产品材料费12 000元,人工费9 320元,制造费用6 500元。本月发生的材料费48 000元,人工费37 100元,制造费用16 200元。该企业采用品种法核算流通加工成本,采用约当年量法分配完工产品和月末在产品加工成本。

项目七　　核算物流装卸成本

 知识目标

1. 了解物流装卸成本的构成
2. 认识物流装卸成本的核算流程
3. 认识物流装卸成本管理的意义及方法

 技能目标

1. 能够核算物流装卸成本
2. 能够分析及管理物流装卸成本

任务一　认识物流装卸成本的构成

一、了解物流装卸搬运

物流装卸活动是连接物流仓储与物流运输的重要环节。物流装卸搬运是指物品在指定地点以人力或机械力装入或者卸下运输设备的过程。完整的装卸活动包括：装车(装船、装机)、卸车(卸船、卸机)、堆垛、入库、出库以及从仓库到装运地点的必要短途运输。在企业的物流过程中，装卸活动总是伴随着运输、仓储活动的出现而重复出现。

在物流装卸搬运过程中，往往有以下一些现象：

（1）在我国，火车货运以 500 千米为分界点。运输距离低于 500 千米，一般来说花在装卸上的时间要超过实际运输过程中的时间。也就是说，将有一半的时间用于等待及装卸。

（2）美国与日本之间的远洋船运，一般情况下往返一次需要 25 天。这其中，运输需要耗费 13 天，而还有 12 天是船舶在港口等待装卸货的时间。如此看来，在码头等待装卸货的时间在海运中也占据了相当的份额。

（3）依据我国生产物流的统计资料，机械加工的过程中，每生产1吨的产成品，需要进行252次的装卸搬运作业，平均而言，其成本为加工成本的15.5%，仅次于运输成本。

因此，了解物流装卸搬运特性，掌握物流搬运成本的核算方法能够对物流搬运成本进行有效管理和控制。在现实的物流活动中，有着重要的经济意义。

二、认识物流装卸搬运成本

下面就让我们来具体地认识一下，什么是物流装卸搬运成本。

物流装卸搬运成本是指企业在物流作业过程中，为了实现货物的短距位移和定位而进行的装卸搬运活动产生的各种费用的总和。在物流装卸搬运过程中，会产生各种各样的费用。从费用的具体内容来看，我们可以把它们分为以下几种。

1. 人工费用

人工费用主要是支付给装卸搬运工人的工资总额及相关的福利费。而在搬运装卸活动中，涉及的人工包括装卸设备的司机、直接搬运商品的工人或者是管理装卸工作的管理人员。

2. 材料费用

除了在部分场合需要由人力或畜力来搬运之外，大部分的物流场所都实现了机械搬运。而装卸搬运过程中所涉及的材料费用主要是指这些机械装置的燃料费用。比如，起重机、叉车、牵引车以及卡车的燃料费或者充电费。

3. 装卸搬运设备的维护保养费用

处于安全生产和高效工作的考虑，装卸搬运设备需要定期维护保养。在保养过程中发生的材料替换、人工支出等归集到装卸搬运设备的维护保养费中。

4. 装卸搬运设备的折旧费用

装卸搬运设备一般价格比较昂贵，属于固定资产的范畴。因此按照会计权责发生制的原则需要每期计提折旧费。物流搬运装卸设备计提的折旧费最终归结进入搬运装卸成本。

5. 其他与装卸搬运过程直接相关的费用

该费用指其他与装卸搬运作业直接相关的费用,如作业失误费和事故损失费等。

6. 间接费用

间接费用是指与装卸搬运作业没有直接关联但是对装卸搬运起到支持、管理作用的相关费用。如装卸搬运的管理费用或者车辆、吊机的调度费用等。

所有以上这些按照经济内容分类的费用共同构成了物流活动中的搬运装卸费用。在归集费用的过程中,要将这些费用全部汇总,然后依照成本对象及成本项目进行划分、核算。

任务二 核算物流装卸成本

一、认识物流装卸搬运成本核算方法

物流装卸搬运成本同别的物流成本核算方法大体一致,具体核算流程如图 7-1 所示。

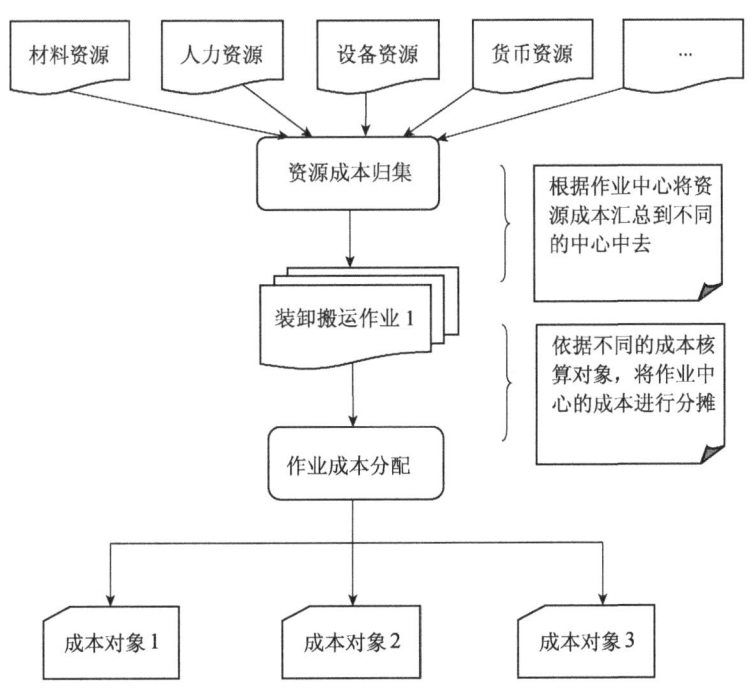

图 7-1 物流装卸搬运成本核算流程图

在作业任务比较简单的时候,作业成本归集与分配过程可以适当简化。比如物流企业经营装卸业务时,如果只有单步骤的装卸作业,可以按照机械化作业和人工作业的不同,利用品种法分别核算成本。当然,所有的核算方法都离不开"归集"与"分配"的工作。在整个装卸成本核算过程中,要尽可能做到归集完整、分配准确、核算高效。

二、关键知识

在物流装卸搬运作业成本核算中,我们依然使用成本项目来核算单一成本对象的物流装卸搬运成本。我们知道,最简单的成本项目分为料、工、费3类。而在物流企业的装卸作业中,为了成本项目的核算准确,一般可分为以下4类7项:

(一)直接材料

1. 燃料和动力

燃料和动力指装卸机械在运行和操作过程中,所耗用的燃料(如汽油、柴油)、动力(如电力、蒸汽)费用。

2. 其他耗材

其他耗材指装卸机械领用的外胎、内胎、垫带以及外胎翻新费和零星修补费。

(二)直接人工

直接人工费用是指支付给装卸机械司机、助手和装卸工人的工资以及按其工资总额和规定比例计提的职工福利费。

(三)其他直接费用

1. 维修保养费

维修保养费指为装卸机械和装卸工具进行维修、保养所发生的料、工、费,以及装卸机械在运行和操作过程所耗用的机油、润滑油的费用。

2. 折旧费

折旧费指按规定计提的所有计入固定资产的装卸设备的折旧费。

3. 其他费用

其他费用指不属于以上各项目的与装卸业务直接有关的工具费、劳动保护费、外付装卸费、事故损失等。

(四)营运间接费用

营运间接费用指各装卸队为组织与管理装卸业务而发生的管理费用和业务费用。

这样一来,单一装卸成本核算对象的成本组成就是直接材料+直接人工+其他直接费用+营运间接费用。一般的,其他直接费用与营运间接费用同制造费用一样,需要汇总按照一定的方法进行分配。

三、做中学——装卸费用核算与成本计算

(一)装卸费用的归集和分配

装卸费用的归集和分配步骤与其他物流成本核算基本相同,其有关的汇总表、计

算表、分配表及会计分录,一般都可并入前述核算运输业务的有关凭证(汇总表、计算表、分配表)及分录中。下面通过核算装卸费用中的各个成本项目来举例简要说明装卸费用的归集与分配方法。

1. **直接材料中的燃料和动力**

对于燃料和动力的消耗量,企业可以根据仓库或者相关部门的统计表单来进行计量。

例:假设某公司装卸队 2013 年 2 月在装卸过程中耗用柴油 53 400 元,其中:装卸设备耗用柴油 48 000 元,人工装卸耗用柴油 5 400 元。同时,装卸设备还耗用电力,收到电费账单 2 000 元,详见表 7-1。成本分配表与会计分录如下:

表 7-1　　　　　　　　　　某装卸队成本分配表　　　　　　　　单位:元

直接材料	柴油	电力	合计
装卸设备	48 000	2 000	50 000
人工装卸	5 400	—	5 400
总计	53 400	2 000	55 400

对应分录:

从原料仓库领用柴油时:

借:主营业务成本——装卸支出——机械(柴油)　　　　　　　　48 000
　　　　　　　　　　　　　　——人工(柴油)　　　　　　　　　5 400
　贷:原材料——燃料　　　　　　　　　　　　　　　　　　　　53 400

收到电力费用账单时:

借:主营业务成本——装卸支出——机械(电力)　　　　　　　　2 000
　贷:应付账款　　　　　　　　　　　　　　　　　　　　　　　2 000

2. **直接人工**

企业的直接人工主要由工人工资和福利费共同组成。一般可通过"工资薪金结算表"等有关资料获得对应的数据,并汇入相应成本。

例:操作装卸设备的工人 2013 年 2 月工资情况为,机械装卸队司机及助手 29 000 元、保修工人 6 000 元;而人工装卸的人力成本为装卸工人工资 48 000 元,保修工人 2 000 元;队部管理人员 9 000 元,详见表 7-2。

表 7-2　　　　　　　　　　某卸队人工成本表　　　　　　　　　单位:元

直接人工	司机及助手工资	装卸工人工资	保修工人工资	合计
装卸设备	29 000	—	6 000	35 000
人工装卸	—	48 000	2 000	50 000
总计	29 000	48 000	8 000	85 000

小提示:由于队部管理人员工资属于营运间接费用,因此在核算成本项目的时候不计入直接人工而是计入制造费用。

对应会计分录如下:

借:主营业务成本——装卸支出——机械(司机工资) 29 000
　　　　　　　　　　　　　——机械(保养工人工资) 6 000
　　　　　　　　　　　　　——人工(装卸工人工资) 48 000
　　　　　　　　　　　　　——人工(保养工人工资) 2 000
　　制造费用——营运间接费用(队部管理人员工资) 9 000
　　贷:应付职工薪酬 94 000

3. 其他直接费用

其他直接费用包含维修费、折旧费和其他费用。若该公司只涉及折旧费,则物流企业装卸机械的折旧应按规定的折旧率计提,根据固定资产折旧计算表直接计入各类装卸成本。

装卸机械计提折旧适宜采用工作量法,一般按其工作时间(以台班表示)计提。其计算公式如下:

$$装卸机械单位工时折旧额 = \frac{装卸机械原值 - 预计残值 + 预计清理费用}{装卸机械由新至废运转工时数}$$

装卸机械月折旧额 = 当月运转工时数 × 单位工时折旧额

例:某公司装卸队2013年2月应计提固定资产折旧为:机械装卸用装卸设备折旧额为3 500元,人工装卸用装卸设备折旧额为2 000元,详见表7-3,装卸队部用房屋150元。

表 7-3　　　　　　　某装卸队其他直接费用表　　　　　　单位:元

其他直接费用	折旧费	合计
机械装卸设备	3 500	3 500
人工装卸设备	2 000	2 000
总计	5 500	5 500

小提示:由于队部房屋折旧属于营运间接费用,因此在核算成本项目的时候不计入直接人工而是计入制造费用。

作会计分录如下:

借:主营业务成本——装卸支出——机械(折旧费) 3 500
　　　　　　　　　　　　　——人工(折旧费) 2 000
　　制造费用——营运间接费用——装卸 150
　　贷:累计折旧 5650

4. 营运间接费用

以上的几个成本项目都是与装卸作业直接相关的,因此可以直接列入相关的成本和业务费。而如果某项业务的费用发生与作业没有直接关联,那么在计算成本时,可先通过"营运间接费用"账户汇集,月终再按一定的分配比例分摊计入各类装卸成本中去。

例：假设公司装卸队 2013 年 2 月发生的管理费和调度费为 12 260 元、办公设备折旧费 1 160 元，此外还需要承担水电费、办公费、报销差旅费及前述的队部管理人员工资及队部房屋折旧费用等 3 580 元，合计 17 000 元。营运间接费用与工人工时有紧密的联系，在分配时利用操作机械装卸设备工人工资与人工装卸工人工资作为标准来划分。已归集的机械装卸与人工装卸的人工费，分别为 35 000 元和 50 000 元。在实务中，我们一般根据装卸支出明细账和营运间接费用（装卸）明细账记录，首先编制营运间接费用（装卸）分配表，如表 7-4 所示。

表 7-4　　　　　　　　　　　　间接费用表　　　　　　　　　　　　单位：元

营运间接费用	分配标准（人工费）	分配率	分配额
装卸设备	35 000	7/17	7 000
人工装卸	50 000	10/17	10 000
总计	85 000	—	17 000

根据营运间接费用（装卸）分配表，作会计分录如下：

借：主营业务成本——装卸支出——机械（营运间接费用）　　　　7 000
　　　　　　　　　　　　　　——人工（营运间接费用）　　　　10 000
　贷：制造费用——营运间接费用（装卸）　　　　　　　　　　　17 000

（二）装卸总成本的计算

物流企业的装卸总成本是通过"主营业务成本——装卸支出"账户的明细账所登记的各项装卸费用总额确定的。汇总表如表 7-5 所示。

表 7-5　　　　　　　　　　　　装卸成本汇总表　　　　　　　　　　　　单位：元

成本项目	直接材料	直接人工	其他直接费用	制造费用	合计
机械装卸	50 000	35 000	3 500	7 000	95 500
人工装卸	5 400	50 000	2 000	10 000	67 400
总计	55 400	85 000	5 500	17 000	162 900

任务三　管理及优化物流装卸成本

一、了解物流装卸搬运成本管理原则

物流装卸搬运成本管理是指通过合理、高效的装卸搬运方式来有效控制相关成本。其更多的是基于物流装卸搬运作业的管理。物流装卸搬运成本管理的目的是利用最为恰当的装卸搬运方式，力求减少搬运次数，提高搬运装卸作业效率，以达到快速、高效、省力、低耗的目的。为此，我们可以把对于物流装卸搬运管理的原则总结

如下:

1. 省力化原则

在物流装卸搬运作业过程中,最耗费人力物力财力和时间的就是上下搬运和水平移动。因此,在物流过程中应当尽量做到"能下不要上,能直不要弯,能滚不要滑,能连不要断"的原则来减少因为克服重力做功和摩擦力做功所耗费的动能。

2. 短距化原则

尽量在装卸搬运过程中缩短仓库与运输工具之间的距离,减少在位移过程中的过多消耗。这就要求在仓库布局设计的时候,就要充分考虑装卸的方便性与合理性,从而能够实现短距化原则。

3. 顺畅化原则

顺畅化原则要求在搬运装卸过程中,整个流程必须连续。这不仅要求在作业通道和搬运线路上实现连续,也要求在作业配套上实现时间上的连续。

4. 标准化原则

在物流搬运装卸过程中,要讲究标准化作业模式。比如说集装箱的尺寸标准化有利于采用同一型号吊车来吊装。而工作流程标准化了,有利于工人熟悉装卸过程,提高工作效率并且降低劳动中可能出现的事故。

5. 合理化原则

合理化原则指的是在物流装卸中,不管是商品堆放、道路还是设计或者工具选择都必须使用最为合理的选择。随着科技的发展,自动化技术和各种机械工具的使用在物流装卸搬运中得到了广泛的使用。图 7-2 中展示了一些装卸过程中常用的工具,而物流企业应该根据自身产品的特点和运输线路的规划选择使用。

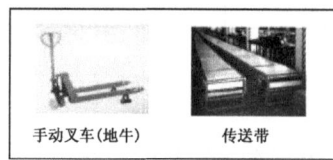

简单装卸工具

自动化装卸工具

专用装卸工具

图 7-2 装卸常用工具

所有的这些管理原则需要结合企业自身特点及产品特点进行优化。同时，不断进步的科技手段和信息技术的快速普及使得快速装卸搬运成为了可能。其中，港口装卸设备由于海运的庞大需求而对物流装卸成本和时间要求格外重要，以下让我们通过"振华港机"的案例来看一看自动化装卸系统带来的物流装卸变革。

二、案例分析

振华港机的港口革命

在长兴岛岸边，振华港机全新的"无人码头"集装箱装卸系统揭开面纱：偌大的示范区里几乎看不到操作人员，一个个集装箱从船上转移到特定的水平分配机构，再被神奇地自动运送到堆场任一指定位置，一切显得轻松而井然有序。振华港机公司总裁管彤贤表示，这是全球首创的新型全自动化集装箱码头装卸系统，其生产效率至少提高50%，而且运行费用和污染大大降低。

来自全国各大港口的技术专家目睹了这一"无人码头"精彩演出，对一个个集装箱被自动转移表示出浓厚兴趣。在整个系统之中，最大的亮点是一个与岸边平行、以钢筋构筑的低架桥水平分配机构，该机构上方有起重小车，下面有平板车。而起重小车、平板车，以及堆场里的轨道吊等都在特定轨道上运行，通过中央控制室控制，现场不需要装卸工人。据了解，

目前整个"无人码头"系统经过3年时间的开发，目前已申请了8项专利。

与国外的全自动化码头系统相比，振华港机的无人码头系统有着独特的优势。首先，它不再依赖GPS导航定位系统，而是采取更方便、更为准确的轨道定位。技术专家介绍，因为在港口多年的试验中发现，由于环境条件和障碍物影响，GPS导航定位难以做到十分精确，这使得在集装箱装卸过程中，每一次集装箱的吊起、放下的定位耗时长，影响效率，但振华港机的无人码头采取更有效的轨道定位，其低架桥、平板车等都通过设置轨道来精确定位，速度更快了。其次，振华港机的无人码头中，所有平板车通过电驱动，在轨道上运行，改变了传统码头和国外自动化码头用内燃机驱动的地面水平运输方式，环保省油。此外，由于采取双40英尺集装箱起重机做配合，桥吊对应的装卸路径各自互不干涉，使得效率有很大提升，原本，一个桥吊1小时可以装卸35个集装箱，在此类"无人码头"上，一个桥吊1小时最高效率可以装卸70个集装箱以上。

振华港机的案例为我们展示了21世纪港口装卸设备的最新画面：利用前期的合理化设计搬运装卸线路和标准化作业流程，振华港机的塔吊和轨道能够快速准确地将集装箱装卸完成；同时，现代化智能自动机器设备的使用，使得工人只要在中控台轻触控制开关就能完成原来费时费力的吊装搬运工作。科技的进步为物流搬运和装

卸提供了非常重要的帮助，也节省了不少的人力、物力。当然，随着大量设备的投入使用，物流搬运和装卸成本的结构会逐渐从人力资本密集型向资本密集型转变。固定资产折旧和设备维修成本将在装卸搬运成本中渐渐占据主要成分。

因此，在具体的物流作业过程中，在遵循基本的物流装卸搬运管理原则的基础上，我们需要大胆采用新技术、新方法。在提高劳动效率的基础上，减少人力劳动强度，将更多的精力放在装卸成本的核算管理过程中。我们需要充分认清随时代变化而变化的主要成本驱动动因，并进行有针对性的管理和改进。数字化、信息化、机械化引领了"振华重工"的再次崛起，而这也将是在21世纪中现代化物流搬运装卸技术的新发展。

三、提高物流装卸效率的方法

在了解了物流装卸搬运成本的核算及对物流装卸搬运成本的管理原则之后，我们来看一下，在具体的工作环境中，我们能够通过哪些方法来有效降低物流装卸搬运成本、提高装卸搬运效率。

案例一：货车尾板

货车尾板就是装在货车尾部，可用于上下垂直运输的跳板。货车尾板最大的好处就是提高装卸效率，能有效解决城市物流中卸货码头与装载平台不在一个平面上所导致的装卸困难。

安装了尾板的货车最大的好处就是提高装卸效率，装卸可不受场地、设备、人力限制。具体体现在以下3点：

（1）使用便利，不受时间地点的约束，随时随地使用，特别是在装卸货物没有月台或者叉车的情况下更加灵活。

（2）节省人力成本，可以减少大量的搬运工，甚至是无需搬运工，司机独自一人就能完成货物的装卸。

（3）节省费用，少了人工，不用叉车，装卸货物的效率又提高了，自然节省费用。

这个案例反映了在物流装卸搬运过程中，我们需要充分利用机械，选择合适的工具或者设备来完成任务。随着科技的不断进步，替代人力的机械设备也在不断发展，一方面这些装卸设备为我们省去了大量的力气，另一方面也减少了人力资本的投入。

案例二：集装箱的发明

集装箱是指具有一定强度、刚度和规格专供周转使用的大型装货容器。使用集装箱转运货物，可直接在发货人的仓库装货，运到收货人的仓库卸货，中途更换车、船时，无须将货物从箱内取出换装。因此集装箱是一种伟大的发明。

集装箱最大的成功在于其产品的标准化以及由此建立的一整套运输体系。能够让一个载重几十吨的庞然大物实现标准化,并且以此为基础逐步实现全球范围内的船舶、港口、航线、公路、中转站、桥梁、隧道、多式联运相配套的物流系统,这的确堪称人类有史以来创造的伟大奇迹之一。

这个案例反映了在装卸过程中,如果能做到标准化,那么就能够有效减少装载次数,同时避免过多地调整装卸设备。此外,标准化的要求能够有效避免单一包装过大、过重的商品,从而规避单次装卸的过多运力消耗。

案例三:良友新港的粮食转运系统

外高桥粮食物流园区良友新港码头开港以来,经过一年多试运营和正式运营的磨合,良友新港公司内外部协调能力和一线员工的操作技能稳步提升,公司的外轮接卸效率也在一次次作业中不断刷新纪录。

日前,良友新港码头迎来了装有约5.06万吨美国大豆的"探索者"号外轮。公司认真做好作业动员和准备工作,精心安排卸船作业,确保设备正常运转,一线各班组铆足干劲进行翻班卸船。经过44.8小时的连续作业,顺利完成了外轮"探索者"号4.5万吨大豆的接卸任务,装卸速度1 004.5吨/小时,创造了公司装卸速度最快纪录,达到了国际先进、国内一流的水平,也标志着公司粮食流通效率和物流服务能力上升到一个新台阶。

在这个案例中,粮油新港依靠先进的吸粮机和强大完善的传输系统快速高效地完成了散装粮食的接卸任务。这反映了在装卸与搬运工作中,如果能够有效减低摩擦阻力,利用重力做功,就能节省装卸时间成本、提高装卸搬运效率。

课后习题

一、填空题

1. 物流装卸搬运是指物品在指定地点_____的过程。
2. 物流装卸搬运成本是指企业在物流作业过程中,企业为了_____费用的总和。
3. 单一装卸成本核算对象的成本组成为_____。
4. 物流装卸搬运成本管理的目的是_____,力求减少搬运次数,提高搬运装卸作业效率,以达到_____目的。

5. 集装箱是指_____专供周转使用的大型装货容器。

二、选择题

1. 物流装卸搬运管理的原则不包括( )。
   A. 省力化原则   B. 短距化原则   C. 节约化原则   D. 顺畅化原则

2. 物流企业的装卸作业中,为了成本项目的核算准确,一般可分为4类成本核算项目,以下不属于这4类成本核算项目的有( )。
   A. 直接材料   B. 制造费用   C. 营运间接费用   D. 其他直接费用

3. 按内容来分,以下不属于物流装卸搬运作业成本的核算对象的有( )。
   A. 装卸设备燃料费用   B. 物流公司总经理工资
   C. 操作队部用房折旧费用   D. 操作过程中的各种消耗材料费用

三、简答题

1. 简述物流装卸成本核算的一般流程。

2. 简述物流装卸搬运成本管理原则。

四、计算题

某物流公司装卸搬运部门采取独立的财务核算,同时采用装卸设备及人工装卸两种方式进行装卸搬运。7月,该部门归集成本项目如表7-6至表7-10所示。

请根据已知条件,填写未知项目。

表 7-6　　　　　　　　　　　直接材料表　　　　　　　　　　单位:元

成本分类	柴油	电力	合计
装卸设备	23 000	7 000	30 000
总计	23 000	7 000	30 000

根据表7-6所示,编写对应分录:

表 7-7　　　　　　　　　　　直接人工表　　　　　　　　　　单位:元

成本分类	司机及助手工资	装卸工人工资	保修工人工资	合计
装卸设备	50 000	2 000	8 000	60 000
人工装卸	—	38 000	2 000	40 000
总计	50 000	40 000	10 000	100 000

根据表 7-7 所示,编写对应分录:

表 7-8　　　　　　　　　　　　　其他直接费用表　　　　　　　　　　　单位:元

成本分类	设备折旧费	合计
机械装卸		
人工装卸		
总计		

根据表 7-8 所示,编写对应分录:

已归集的队部营运间接费用为 50 000 元。该营运间接费用包括队部管理费用,相关水电费等相关费用。在分配时利用操作机械装卸设备工人工资与人工装卸工人工资作为标准来划分。

表 7-9　　　　　　　　　　　　营运间接费用分配表　　　　　　　　　　单位:元

成本分类	分配标准(人工费)	分配率	分配额
装卸设备			
人工装卸			
总计			

根据表 7-9 所示,作会计分录如下:

装卸总成本的计算如表 7-10 所示。

表 7-10　　　　　　　　　　　　装卸总成本汇总表　　　　　　　　　　　单位:元

成本项目	直接材料	直接人工	其他直接费用	制造费用	合计
机械装卸					
人工装卸					
总计					

项目八　物流成本管理与决策

 **知识目标**

1. 了解物流成本分析和决策
2. 理解本量利模型分析
3. 认识边际分析

 技能目标

1. 能够建立本量利模型
2. 能够利用本量利模型进行决策分析

任务一　了解成本分析及决策

一、案例分析

某物流企业对某标准化物流过程进行成本分析,成本行为如表 8-1 所示。

表 8-1　　　　　　　　　　成本行为表　　　　　　　　　　单位:元

物流成本	总成本	数量(千米)	总成本	数量(千米)	总成本	数量(千米)
汽油费	16 000	10 000	40 000	25 000	80 000	50 000
司机工资	25 000	10 000	62 500	25 000	125 000	50 000
订单成本	13 000	10 000	32 500	25 000	65 000	50 000
折旧	50 000	10 000	50 000	25 000	80 000	50 000
租金	25 000	10 000	25 000	25 000	40 000	50 000

单位里程所耗费的 5 种物流成本的单位成本如表 8-2 所示。

表 8-2　　　　　　　　　　　　　　单位成本表　　　　　　　　　　　　　　单位：元

物流成本	单位成本	数量(千米)	单位成本	数量(千米)	单位成本	数量(千米)
汽油费	1.60	10 000	1.60	25 000	1.60	50 000
司机工资	2.50	10 000	2.50	25 000	2.50	50 000
订单成本	1.30	10 000	1.30	25 000	1.30	50 000
折旧	5.00	10 000	2.00	25 000	1.60	50 000
租金	2.50	10 000	1.00	25 000	0.80	50 000

从表 8-1 和表 8-2 中我们能发现什么规律？

(1) 从总成本来看，我们发现：对于 10 000 千米和 25 000 千米的物流服务，汽油费、司机工资和订单成本的总成本是不一致的，而折旧、租金却没有发生任何变化。因此，我们可以说，在 25 000 千米配送范围内，折旧和租金的总成本是固定成本，它们不随里程数的变化而发生变化。而汽油费、司机工资和订单成本是随着里程数的增多而发生变化的，这种成本我们称之为变动成本。变动成本与里程数之间的关系我们可以通过单位成本来解释。

(2) 从单位成本来看，我们发现：所谓的变动成本——汽油费、司机工资和订单工资——在计量单位成本时是不变的。不管是 10 000 千米的物流服务，还是 25 000 千米的物流服务，甚至是 50 000 千米的物流服务成本，其每千米汽油费都是 1.60 元，而每千米的司机工资都是 2.50 元，订单成本为每千米 1.30 元。而随着里程数的上升，固定成本的单位成本在不断地下降。拿折旧为例，其折旧的单位成本从 10 000 千米的 5.00 元，下降到 25 000 千米的 2.00 元，到了 50 000 千米时，更是下降到只有 1.60 元。对租金也是一样的情况。因此，我们可以得出结论，变动成本的单位成本不随数量而变化。然而，固定成本的单位成本会随着数量的增加而降低。

(3) 我们细心地观察会发现，当物流服务的里程数从 25 000 千米上升到 50 000 千米时，折旧和租金的总成本从 50 000 元和 25 000 元分别上涨到了 80 000 元和 40 000 元。这些我们原本定义的固定成本又怎么会发生变化了呢？可能的解释是这样的，当物流里程数变大或者要承载更多的物流货物时，承载的交通工具可能要换成更大、承载力更强或者速度更快的交通工具，因此其折旧费用可能因为固定资产价值的增长而上升。对于租金也是同样的情况。所以，对于这一点，我们必须记住，固定成本和变动成本是相对的。在一定的条件下，比如时间跨度和生产数量发生大规模变动的情况下，固定成本也可能转变为变动成本。

那么，我们为什么要对这些成本性态进行研究呢？对于成本性态的研究又能得到什么样有意义的结论呢？总体而言，对于成本性态的研究有利于企业将注意力集中在可变成本上，而忽视企业无法改变的固定成本。因为，在短时期内，企业只能对于可变成本制定决策，而对于作为沉默成本的固定成本是束手无策的。明白了这一点，我们就不难理解，对于企业改进成本项目、核定销售价格等可变成本比固定成本有着更为重要的意义。

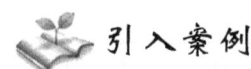 引入案例

某物流公司盈亏分析

某物流公司筹划某项物流服务的标准成本报价,物流服务的固定成本为 4 000 元,单位里程的变动成本为 100 元,如果其将单位里程销售价格定位为 200 元,问需要达到多少里程的订单才能避免该物流公司发生亏损?

解: 营运收入＝收入－成本＝收入－(固定成本＋变动成本)

收入＝单位里程销售价格×里程数

变动成本＝单位里程成本×里程数

因此,我们可以将上述公式进行变形:

营运收入＝单位里程销售价格×里程数－单位里程成本×里程数－固定成本
　　　　＝(单位里程销售价格－单位里程成本)×里程数－固定成本

如果物流公司不想发生亏损,那么最低的假设是营运收入为零,即所获得的收入刚好弥补所产生的成本。这样一来,公式就可以简化为:

固定成本＝(单位里程销售价格－单位里程成本)×里程数

要想获得最低的里程数,那么我们可以计算得到:

里程数＝固定成本/(单位里程销售价格－单位里程成本)

将数字代入公式,我们可以计算得到:

里程数＝4 000/(200－100)＝40

所以,只有达到 40 个里程单位的合同,才能使得该物流公司避免亏损。如果订单的里程数小于 40,会导致订单的亏损。

二、关键知识

1. 本量利分析

本量利分析是分析组织的总成本、销售量和利润之间相互关系的方法。在本量利分析中,我们一般有两个基本假设:

(1) 线性关系:成本、收入是数量的线性函数。

(2) 确定性:销售价格、单位变动成本和固定成本应当能够被准确计算或合理估计。

本量利分析是对现实中成本性态的一个简化,在利用本量利分析的时候必须考虑现行关系是否能够真实地反映企业的成本性态。如果企业的成本性态不满足线性关系,那就必须考虑别的函数关系来反映成本、收入和数量之间的关系了。

2. 成本性态

固定成本与变动成本的成本性态如表 8-3 所示。

表 8-3　　　　　　　　　　　　　成本性态表

成本类型	总成本的成本行为	单位成本的成本行为
固定成本	不受产出量变化的影响	与产出量变化呈反向增减
变动成本	与产出量变化成正比例增减	不受产出量变化的影响

当然，在之前的案例中，我们也知道了，随着产量的扩大或者时间的推移，固定成本与变动成本之间是可以相互转化的。因此，在考虑固定成本与可变成本的划分之前，必须要规定时间范围。

3. 盈亏平衡点

本量利分析也被称作盈亏平衡分析。当销售量或者生产量达到一定数额，总收入会等于总成本，此时利润为零。我们称该销售量或者生产量为盈亏平衡点数量，若产量或销售量高于该平衡点，则存在营业利润；而销售数量或生产量小于该平衡点，则该订单会产生亏损。

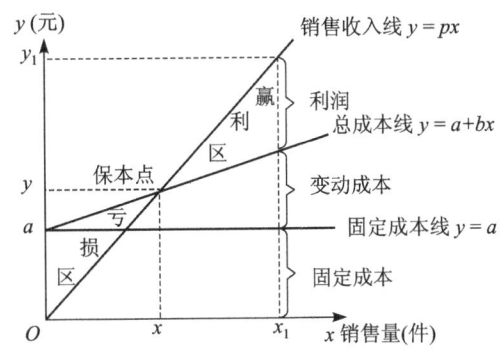

图 8-1　盈亏平衡点

如图 8-1 所示。设产品销售数量为 x 件，产品售价为 p 元/件，产品可变成本为 b 元/件，固定成本为 a 元。则可以推算得：销售收入为 $y=p\times x$，总成本为 $y=a+bx$，形成两条相交直线。

小提示：通过总成本直线和销售收入直线的交点，可以求出盈亏平衡数量和盈亏平衡点的销售收入。小于盈亏平衡点的数量会造成销售收入直线位于总成本直线之下，导致亏损。而大于盈亏平衡数量会导致销售收入直线大于总成本直线，产生盈利。另外一方面，在盈利的情况下，销售收入的作用可以分为 3 个部分：一部分是弥补固定成本，一部分是弥补变动成本，而剩余部分就是企业所获得的利润。

4. 边际贡献

当达到盈亏平衡点时

固定成本＝(单位销售收入－单位变动成本)×数量

我们将单位销售收入与单位变动成本之间的差值称为边际贡献。这也就意味着每销售或者生产一单位数量的服务或产品能够产生出的一点利润用来弥补固定成本的支出。而当销售数量达到盈亏平衡点后，边际贡献完全弥补了固定成本，多余的部门所产生的贡献额就是企业的销售利润或生产利润。

三、学中做——损益平衡点的确立

某物流企业提供某项物流服务按照单数来计价,每单收取的价格为 4 元。与之相关的平均变动成本为 2.75 元,固定成本总成本为 500 000 元。平时,若该物流企业的正常配送能力为 500 000 单。请计算该物流企业能够接受的盈亏平衡点数量为多少。

解: 数量＝固定成本/(单位销售价格－单位变动成本)
＝500 000/(4－2.75)＝400 000(单)

因此,当订单数量达到 400 000 单时,该物流企业能够达到盈亏平衡。而当订单数量小于 400 000 单时,由于边际收益总量无法弥补固定成本的支出,所以面临着接受订单也无法盈利的事实。而当订单大于 400 000 单时,边际收益能够完全覆盖固定成本,而且每增加一单订单,就能导致利润的增加。这样一来,在制定销售目标的时候,或者进行订单决策的时候,我们就有了参考的依据。从这个角度上来说,划分可变成本与固定成本的准确与否会影响到对于盈亏平衡点的核算,从而影响到企业是否能够真实盈利。

任务二 认识物流成本决策方法

一、认识物流成本决策的含义

1. 物流成本决策的含义

物流成本决策是指根据物流成本分析与物流成本预测所得的相关数据、结论及其他资料运用定性与定量的方法,选择最佳成本方案的过程。具体说来,就是以物流成本分析和预测的结果等为基础建立适当目标,拟定几种可以达到该目标的方案,根据成本效益评价从这几个方案中选出最优方案的过程。

2. 物流成本决策的重要性

伴随着市场经济的不断发展,服务业在整个经济中的比重不断上升。随着电子商务,物联网等现代信息化手段的发展,传统的物流行业也被赋予了新的内涵。物流企业想在这次物流产业改革中获得生存、发展的机遇,合理、准确的物流成本决策至关重要。

(1) 物流成本决策是企业管理体制改革的客观要求。企业自主经营、自负盈亏的性质决定了企业必须对经营结果负责,对企业自身与广大员工负责。在物流过程中势必要作出正确的决策。没有这一点,且不说发展,即使生存也要受到影响。

(2) 物流成本决策是企业提高经济效益的迫切需要。企业为了增强自身的竞争能力和适应能力就必须不断研究改进物流过程和降低物流成本的方法,不断提高经济效益,并从中求得发展。严格地讲,这一切都有赖于科学的物流成本决策。

(3) 物流成本决策是企业内外部环境条件变化的必然结果。一方面,随着生产的社会性愈加强烈,企业外部环境条件处于急剧的变化之中。为了适应这种形势,物流企业就必须从节约资金耗费的角度来规划企业的活动;另一方面,生产的高技术与大规模越来越明显,生产投资额不断升高,耗费也日显巨大。因此,企业应对自身的物流活动进行合理控制,而这又要依赖于物流成本决策。

(4) 物流成本决策是现代化成本管理的重要特征。近年来,管理科学的进步已对成本管理产生了重大影响。人们已经认识到,单一的计划管理和行政手段远远不能满足现代化生产经营管理的需要。应用新理论,采取新方法,更新传统的成本管理方式也就顺理成章。信息技术的大规模应用与机械化装置的普及帮助人们拓展了分析功能和转运能力,这也是现代化成本管理的重要标志。

二、认识物流成本决策的一般流程

物流成本决策是通过物流成本核算来比较不同物流方案的得失,并从中选出最优方案的决策过程,其一般过程如图 8-2 所示。

图 8-2　物流成本决策一般流程

接着我们逐一来认识一下成本决策的每个环节:

步骤一

界定核算对象:明确成本核算的对象,以便于将成本费用具体化到某个具体产品或服务。在这个步骤中,我们要明白哪个是核算的主体,是一类产品还是一张订单。

步骤二

确定核算目标:决策的目标就是物流业务方案所要达成的结果,确定目标是为了明确方案评估的导向。在确定目标时,经常采用的目标是物流成本最小化,但有时也会采用物流速度最快,或者物流服务利润最大作为目标。

步骤三

收集有助于决策的相关资料:将所有有效的成本、费用信息进行汇总;同时,根据业务流程确定一定的分配方式,将成本、费用分摊到成本核算对象中去。如果相关成本资料有所缺失,那么在分配成本时,就会低估成本对象的单位成本。

步骤四

拟定可行性方案并评估:通过核算各个物流业务方案的成本和其他需要考虑的因素进行方案评估,并给出评估结论。因此,物流成本的准确性预估是决策的重要依据。

步骤五

作出优选决策:依据事先确定的决策目标与各个物流业务方案的评估结论,从方案中找出最符合决策目标的方案规划。

三、学中做——体会物流成本决策

某大型企业有如下独立核算的业务部门,相关数据如表8-4所示。

表8-4　　　　　　　　　　剥离物流部门前营运收入　　　　　　　　　　单位:元

	生产部门	物流部门	合计
销售	500 000	100 000	600 000
变动成本	300 000	70 000	370 000
固定成本	100 000	50 000	150 000
营运收入	100 000	−20 000	80 000

由于物流部门产生了亏损,企业在考虑是否将物流部门剥离。然而,一旦剥离物流部门,会导致生产部门的边际收益在现有基础上下降15%。问是否应该剥离并出售物流部门呢?

解:假设剥离物流部门后的情况如表8-5所示。

表8-5　　　　　　　　　　剥离物流部门后营运收入　　　　　　　　　　单位:元

	生产部门	合计
销售	425 000	425 000
变动成本	255 000	255 000
固定成本	100 000	100 000
营运收入	70 000	70 000

小提示:生产部门的边际收益下降15%指销售收入与变动成本同时减少15%。

我们发现,在剥离物流部门之后,营运收入从之前的80 000元下降到70 000元。如果作为决策者,从企业营运收入的角度上来说,显然会选择不剥离物流部门。那么,为什么剥离一个亏损部门反而会造成收入毛利的下降呢?

显然,我们忽视了剥离物流部门对于企业毛利的

影响。比如,一旦将物流业务外包在供应商品的及时性上、在物流服务的质量上以及运送商品的安全上可能都会出现不可控的问题,从而影响到销售行为。

所以,准确衡量物流成本、有效控制物流效益比简单地剥离亏损的物流部门要来得有效得多。

任务三　运用物流成本决策分析

一、案例分析

某物流企业为所提供的物流服务每单收取的价格为4元。与之相关的平均变动成本为2.75元,固定成本总成本为500 000元。该企业只有在订单数量需要达到400 000单才能保证不亏损。因此,该物流企业能够接受的订单里程数必须到400 000单才能提供物流服务。但是如果该公司收到一张新订单,客户仅愿意为每单支付3.75元的价格,那么该公司是否愿意接受这份数量为300 000单的订单呢?

根据我们的分析,该物流企业的盈亏平衡点是400 000单,凡是低于400 000单的订单都会造成企业的亏损。那么物流企业是否应当拒绝这份订单呢?答案似乎并不那么明显。

试想一下,如果该企业每月能够配送的订单是500 000单,而该企业已经在该月处于满负荷运转状态,没有多余的配送能力能够完成这300 000单的配送任务,再加上该订单无法盈利,因此必然不会接受该订单。

但是,如果该企业境况不佳,当月没有接到一份订单,那么是否应该考虑一下接下这份订单呢?我们来比较一下,接下订单和不接订单的情况,如表8-6所示。

表8-6　　　　　　　　　某企业营业利润表　　　　　　　　　单位:元

	不接订单(0单)	接下订单(300 000单)
销售收入	0	1 125 000(单位售价3.75)
变动成本	0	825 000(单位变动成本2.75)
固定成本	500 000	500 000
营业利润	−500 000	−200 000

从分析的结果来看,似乎接下订单的亏损更少(亏损200 000元与亏损500 000元)。那么,什么使得原本要拒绝的订单,现在看上去更应该接受呢?我们究竟应该采用什么样的策略来作为订单是否接受的依据呢?

二、关键知识

(1)在相关成本分析情况中,固定成本与决策无关,除非固定成本本身能够避免发生。也就是说,不论接不接订单这500 000元的支出是必须要付出的。而我们需要做的就是利用边际贡献来弥补固定成本的损失。

(2) 边际贡献能够弥补固定成本的前提就是单位销售收入大于单位变动成本,使得边际贡献为正。

(3) 当然,在这个例子中,我们不能忽视一个前提就是企业必须有富裕产能来完成订单。当企业产能饱和时,应当挑选单位销售收入更高的订单来增加边际贡献。

三、做中学——应用物流成本决策

某生产型企业的物流部门的能力为每月完成 20 000 单位的商品配送,单位成本数据如表 8-7 所示。

表 8-7　　　　　　　　　某企业单位成本数据　　　　　　　　　单位:元

直接材料	7	固定间接费用	10
直接人工	12	总成本	34
变动间接成本	5		

某日,一物流公司提出可以向该生产型企业提供物流服务,单位配送成本为 28 元。如果生产型企业接受物流公司的建议,则生产型企业的物流部门将会闲置,其单位固定间接费用可以在原来基础上下降 6 元。则该生产型企业是否应该接受这项建议?

解:如果接受物流公司的建议,那么生产型企业的生产费用如表 8-8 所示。

表 8-8　　　　　　　　　某企业生产费用表　　　　　　　　　单位:元

直接材料	0	固定间接费用	4
直接人工	0	物流公司的报价	28
变动间接成本	0	总成本	32

由此,我们可以发现,在接受物流公司的建议情况下,每单位的物流配送费用可以由原来的 34 元降低到 32 元。能够为每月 20 000 单位的商品节省 40 000 元的配送费用。

然而,该生产型企业后来发现固定间接费用并不能下降,那么此时该生产型企业的物流配送成本是多少呢?

表 8-9　　　　　　　　　某企业物流配送成本表　　　　　　　　　单位:元

直接材料	0	固定间接费用	10
直接人工	0	物流公司的报价	28
变动间接成本	0	总成本	38

如表 8-9 所示,我们可以发现,当固定间接费用不能有效降低时,固定成本会对决策具有重大的影响。在本例中,如果固定间接费用依然维持在 10 元时,那么每单会亏损 4 元。对于每月 20 000 单位的商品就会多支出 80 000 元。因此,在考虑订单的时候,固定成本的变动会对决策有重大的影响。

课后习题

一、填空题

1. 当销售量或者生产量达到一定数额,总收入会等于总成本,此时利润为零。我们称该销售量或者生产量＿＿＿＿＿＿＿＿＿＿＿＿＿＿＿＿。

2. 我们将＿＿＿＿＿＿＿＿＿＿与＿＿＿＿＿＿＿＿＿＿之间的差值称为边际贡献。

3. 物流成本决策是指根据＿＿＿＿＿＿＿＿＿＿与＿＿＿＿＿＿＿＿＿＿所得的相关数据、结论及其他资料运用＿＿＿＿＿＿＿＿＿＿,选择＿＿＿＿＿＿＿＿＿＿的过程。

4. 在确定目标时,经常采用的目标是＿＿＿＿＿＿＿＿＿＿,但有时也会采用＿＿＿＿＿＿＿＿＿＿,或者＿＿＿＿＿＿＿＿＿＿作为目标。

5. 做出优选物流成本决策就是＿＿＿＿＿＿＿＿＿＿与＿＿＿＿＿＿＿＿＿＿,从方案中找出＿＿＿＿＿＿＿＿＿＿。

二、选择题

1. 以下描述固定成本和可变成本性态正确的说法是(　　)。
  A. 总的固定成本不随生产量变化而变化
  B. 总的可变成本不随生产量变化而变化
  C. 单位固定成本随生产量增加而增加
  D. 单位可变成本随生产量增加而减少

2. 下列说法对边际贡献理解不正确的是(　　)。
  A. 边际贡献指的是单位销售收入与单位变动成本之间的差值
  B. 当达到盈亏平衡点时,边际贡献完全弥补了固定成本
  C. 边际贡献能够弥补固定成本的前提就是单位销售收入大于单位变动成本,使得边际贡献为正
  D. 对于一个项目而言,边际贡献为正,但利润为负就必须放弃该项目

3. 以下说法不能体现物流成本决策的重要性的是(　　)。
  A. 物流成本决策是企业管理体制改革的客观要求
  B. 物流成本决策是企业提高经济效益的迫切需要
  C. 物流成本决策是企业自身条件变化的必然结果
  D. 物流成本决策是现代化成本管理的重要特征

三、简答题

1. 简述本量利模型的两个基本假设。

2. 简述物流成本决策的一般流程。

四、计算题

1. 物流公司制定运输服务部门的物流运输报价。若该运输服务部门的固定支出为 48 000 元/月，预计单位里程的燃料、人工等变动成本支出为 70 元/千米。其预计每月的物流里程数将达到 3 000 千米/月，问每千米运价定于 80 元是否可行？

2. 某快递企业每月的快件配送能力为 20 000 单/月的，其成本汇总数据如表 8-10 所示。

表 8-10　　　　某快递企业单件成本汇总表　　　　金额单位：元

	金额
直接材料：燃料费	5
耗材	2
直接人工：人员工资	7
福利费	3
变动间接成本：信息处理费用	5
固定间接费用：固定资产折旧	5
管理人员工资分摊	3
总成本	30

该快递企业谋求转型，希望将快件业务进行外包，并将其信息处理系统关停。若询价所得的外包价格为 25 元/单。则该快递企业是否应该接受这项建议？

参 考 文 献

[1] 赵弘志,谷岩,丰斓.物流成本管理[M].北京:清华大学出版社,2010.
[2] 王晓娟.物流企业成本核算[M].北京:机械工业出版社,2007.
[3] KIM LANGFIELD-SMITH, HELEN THORNE, RONALD W HILTON. Management Accounting [M]. Australia:McGraw-Hill, 2006.
[4] 高等教育自学考试命题研究组.管理数量方法与分析[M].北京:中国财政经济出版社,2013.
[5] 蒋耀琴.成本会计[M].上海:华东师范大学出版社,2011.
[6] 吕智福.会计岗位实务[M].上海:华东师范大学出版社,2012.